# 改寫未來的 9 種生存力

區祥江、周偉豪、區穎珩 著

**改寫未來的9種生存力**
作者／區祥江、周偉豪、區穎珩
策劃編輯／伍詠慈
美術設計／BallED
出版發行／突破出版社
香港沙田亞公角山路33號突破青年村
電話：2632 0000　傳真：2632 0388
電郵：breakthrough@breakthrough.org.hk
網址：http://www.breakthrough.org.hk
http://www.btproduct.com
承印／陽光（彩美）印刷有限公司
2015年7月初版1刷
2024年3月初版4刷


9 Essential Abilities For The New Generation
by Raymond Au, Chris Chow and Jade Au
First Printing, First Edition, July 2015
Fourth Printing, First Edition, March 2024

Printed in Hong Kong
ISBN 978-988-8246-75-5

誠邀閣下就突破出版社的書籍發表意見
歡迎加入突破出版社 Facebook page — http://www.facebook.com/btbooks.page
**本書採用環保油墨印刷**

# 生活與輔導

關懷、連繫、復和、

溝通、對話……

凝視心之脈動，

直到重新尋獲自己的心。

# 目錄

## 改寫你的未來：在流動時勢中建設人際網絡

# 序一

2011 年，我到香港某大學擔任分享嘉賓，題目與「青年創業」有關，席上約有二、三百位大學生。不少學生慨歎他們這個世代所擁有的機會比上幾代都少了，但困難卻多了，有英雄無用武之地的感覺。我不認同。在數碼大時代，網絡創業或發展的機會多了無數倍，而且可以面向的客戶更多更廣，最重要的是看你能否把握。現場同學對這答案不甚滿意，於是我來個挑戰：「現在我立刻給在座每一位一個機會，只要任何人能夠拿出一個生意方案，我給三分鐘你來游説全場聽眾，如果在座一半人認為你的方案可行，我保證可以為你找來一百萬元的投資。」

在座學生先是驚訝，然後沉默，沒有人敢提出任何方案。

我説：「姑勿論機會多寡，我們必須問問自己，當機會來到時，你準備好了嗎？你膽敢接受挑戰嗎？如果巴菲特現在邀請你一起吃飯，容許你提出任何方案，他可以拿一億來投資，你敢答應嗎？所以，我們必須任何時間先準備好自己，因為機會的確只留給有準備的人。」後來，一位電台高層知道這個消息，邀我一同創立了「80 後創百萬夢」創業挑戰。

那時候，我並沒有就「如何作準備」作詳細討論，後來總想着有天要整理這麼一本書送給香港青年。直至遇上區祥江博士的新書《改寫未來的 9 種生存力》，箇中羅列了新世代應具的九種能力，是對「如何作準備」的最佳回應。

對於搜索力，我感受很深。那些年，我自大陸來港，在 band 5 中學插班。學校資源乏善可陳，幸好學校附近的公共圖書館，有數台連上網絡的電腦。網絡使我面向全世界，學習了不少新奇的知識，也埋下了我後來選讀計算機科學專業的種子。後來 Google 出現，重整世界數據與資訊，使人更快更準地獲得資訊。多年過去，網絡的資訊量出現爆炸性增加，海量的資訊容易使人迷失，所以我們必須懂得如何獲得、挑選、理解及核實資訊。女兒今年 6 歲，已能純熟地運用各種網上搜尋工具尋找資訊、學習語言、計劃行程、了解世界及解決問題等。年輕人只要選對工具、運用得宜，網絡的力量沒有疆界。近年，我也參與了數個利用大數據（Big Data）、資訊解決社會問題的項目，見證了大數據時代。

人的精力有限，我們不可能樣樣皆精，所以必須專注。知名作家 Malcolm Gladwell 提出的一萬小時黃金法則，指出任何人只要花一萬小時專注練習某個範疇的技能，就能成為該範疇專家。當你看看目前世界五百強的企業，絕大部分都在自己專注的範疇取得成功，業務過於分散或不務正業的企業，在經濟逆轉時往往會熬得更辛苦。要成功，除了專注外，也必須常三省吾身。所以，區博士提出了第三種能力——獨處力。懂得獨處，能夠獨處，是十分重要的。每天有一段時間讓自己獨處，反思生命，回想初衷，重新起步，才能走得更遠。

區博士提出的第四種能力——定位力，是我認為人能成功的核心能力。這是由管理學大師所提出的「第八個習慣」。只有找到自己的聲音、跟隨自己的召命及夢想，才能把事情做好。我成立的社企「加油香港」，有一個很不錯的團隊，每一個人都認同社企幫助基層有尊嚴地生活的理念，所以他們都是為夢想而上班，他們不懼怕星期一上班日的到來。人生，沒有比起你內心的夢想及召命來的力量更能推動你前進和成功。

人生總會遇上挫敗，只有能夠低位反彈、並有恆心有毅力去面對挑戰的人才能登上高峰。好友 Steven Lam 是 Gogovan 的創辦人，這公司在成立一兩年間前後獲得數千萬美元的投資，估值以十億計，成為香港新創企業的典範。事實上，他與拍檔之前經歷了無數挑戰、挫敗與困難，要不是憑着他們的毅力與信念，以及面對逆境不放棄的精神，很難走到今天。

語言力雖是老生常談，相信大家都能明白。社交力和利他力對我來說是不可分離的。我來港後，舉目無親，身邊的朋友大都是做義工時慢慢累積回來的。我珍惜每一位朋友，對於朋友的求助總是兩脅插刀，在所不辭的。利他力是獲得別人尊重的起點。最近，我在社企的工作上常常用一個詞組，就是「得道多助」，只要你做對的事，對的人就會在對的時間出現，讓你的事能成。所以，說到底，人要成功，必須做「對」的事。

千里之行，始於足下，今天就由這本書開始，好好準備自己，迎接機遇，成就你心之所想吧。

周佩波

加油香港企業創辦人兼行政總裁

# 序二

21 世紀的世界變化迅速，一套合時的生存法則，可以幫助青年人避免在人生路上兜轉。

要為青年人在現世的處境作嚮導，確實不易。區祥江博士在輔導和教學經驗豐富，對探討婚姻及家庭問題甚有心得，已出版不少相關著作。今次區博士作一新嘗試，與女兒和學生合力編撰成書。此書糅合了成年人和青年人的經驗，見解和感受，以 21 世紀最需要的生存力量為主題，指出九種生存力，將要訣分成三大範疇，加上具分量的資料，深入淺出歸納為三大重點：一、學習自處，二、確認方向，三、掌握人際。

在這個資訊爆炸（Information Explosion）的時代，我們每天接收大量不同的資訊，只要稍微瀏覽一下網絡便能獲取許多訊息。但同時人類因在日常生活中面對龐大而未經過濾的資訊衝擊，往往產生焦慮和不安的情緒，甚至落入迷茫的境界；青年人必先要認識及適應這個資訊時代的來臨，才可以在個人及職業生涯中突破。

現今職場同樣重視硬性（Hard Skills）及軟性技能

（Soft Skills），需要下的功夫已不限學堂內的知識，學會如何篩選知識，再轉化運用才是重要。區博士引用不少著名學者的見解。其中包括管理學大師 Dr. Stephen Covey 的經典著作 *The 7 Habits of Highly Effective People* 及 *The 8th Habit*，前書提出七個高效人士的習慣，為職場培訓所廣泛使用。調節自己的步伐，把所辦之事情分開先後，可能是老掉牙的建議，但不少人仍在學習當中。他亦指出，Dr. Stephen Covey 希望青年人多聽自己的聲音，忠於自己，運用才幹成為自我的導航者，掌舵人生的方向。對於摸索前路的青年人來說，提供了一個專業指引。

《聖經》記載「施比受更為有福」，現今香港社會不致於冷漠無情，卻因專注向上流而忽略其他人；欣賞區博士把施與受列為生存力的最後一項，將人回歸愛與關懷，不單是對有需要人士的幫助，更點出人際互動間施與受的關係。

該如何利用這些生存力，完全掌握在自己手裏。此書的主要讀者對象為青年人，他們大多是剛完成學業，只懂得一般工作技能，待人處世的技巧有待磨練。此書正好為他們走進職場及在生活洪流中加強裝備，繼而乘風展翼，創出高峰。

徐玉珊

ManpowerGroup 大中華區副總裁

## 引言：新世代的生存力

香港著名社會學家呂大樂教授，寫過一本名為《四代香港人》的書，描述香港的第四代，就是出生於 1976 至 1990 年，戰後嬰兒的下一代。這一代人擁有一些共通點，包括：

- 父母把最好的供給他們，但物質富裕並不代表他們感到幸福。
- 父母十分自覺為孩子供應各樣競爭的必須裝備，第四代人從幼稚園開始就要面對競爭，比任何一代人都更早。同時，這代人要面對來自父母的嚴密監管。
- 這代人有時候為了滿足成人的要求，迷失自己。
- 對於未來，周邊成年人對他們提很多意見、想法，他們連要求暫停的機會也沒有。
- 他們知道別人喜歡他們什麼，也知道自己不喜歡什麼，卻不易宣之於口。

現在我們俗稱為80後甚至90後的，已是第五代的香港人，雖云是一個新世代，但第四代人面對的困境，對這羣年輕人來説，有增無減。他們四周都有不同的聲音，時代步伐快，資訊又多又雜亂；面對這個時代，這羣90後，尤其是30歲以下的年輕人，面對的競爭更大。此際，年輕人更需要認清自己的需要，否則只會在社會中浮沉，茫茫不知所向。所以，在新時代，年輕人要掌握新一套求生技巧，鍛煉新的能力，是上一代父母無法傳遞給他們的，才能應對複雜多變的環境，創造自己的新時代。

## 這一代需要什麼？

世界不斷在變，數碼年代的來臨、廣闊的地球村、全球化的趨勢等，都會改變我們的生活和人生規劃。有時候外在環境改變速度之快，不單叫我們應接不暇，過去我們曾經掌握過的東西或技能，很快就變得過時。愈來愈多年輕人，大學念這一科，出來投身的行業又是另一回事，而且往往不是他們的專業。唯有具備良好的自學能力，才能踏足一些他們未經訓練的行業，面對新的挑戰。

面對這些急速的轉變和不確定的人生規劃，教育學家開始思考，什麼是新世代要掌握的最重要和基本的技能。

## 五種學習能力

教育學家 Elliott Seif 提出五項必須的技巧，幫助年輕人保持學習能力。包括：

- 好奇心（Curiosity）：懂得發問，可以組織問題，找出問題的核心；
- 資訊能力（Information literacy）：懂得搜尋和處理資訊；
- 思考力（Thoughtfulness）：能夠深入和有彈性地思考；
- 應用能力（Application）：能作出結論和學以致用；
- 溝通能力（Communication）：將自己所理解和所得的知識與人交流分享。

## 五種思考能力

創立出多元智能理論的大師霍華德嘉納（Howard Gardner），觀察到學術機構在應對新時代的挑戰時，反應十分緩慢。為了應對需要，他提出五個未來世界不可或缺的思考能力，首三項是認知方面的，餘下兩項是社會方面的。這五方面的簡單定義如下：

1. 專業的思考（Disciplined mind）：在特定的學科領域，掌握一種專業的思考方式和鮮明的認知模式；
2. 整合的思考（Synthesizing mind）：將各專業或各領域的觀念有效整合，並以此統合成果與人溝通；
3. 創造的思考（Creating mind）：能夠提出並闡明新的問題、疑問和現象；
4. 尊重的思考（Respectful mind）：察覺並體會不同個體之間的差異；
5. 倫理的思考（Ethical mind）：圓滿實踐身為工作者與社會公民的責任。

## 新世代的學習目標

一些知識型的國家如新加坡，國家教育部為了迎接這個資訊世代的挑戰，便為學生訂定了一些學習目標，我覺得很有意思。

新加坡教育部（Ministry of Education, Singapore）提出的框架，旨在培養學生 21 世紀的競爭力，作為新加坡學校為學生提供全人教育的一部分，裝備學生踏入一個快速變化和高度互聯的世界。

教育部期望，學生得以在全球化的世界中早着先機，長大後可以自力更生，故此必須培育以下能力，包括：創意、創新、跨文化的理解和適應能力。

自信的人 Confident Person
自我導向的學習者 Self-directed Learner
熱心的公民 Concerned Citizen
積極的貢獻者 Active Contributor
信息與溝通技巧
Information and Communication Skills
公民素養，全球意識和跨文化技巧
Civic Literacy, Global Awareness and Cross-cultural Skills
批判性和創造性思維
Critical and Inventive Thinking
自我認知
Self-Awareness
自我管理
Self-Management
負責任的
決策制定
Responsible
Decision-Making
關係管理
Relationship
Management
社會意識
Social Awareness
核心價值
Core Values

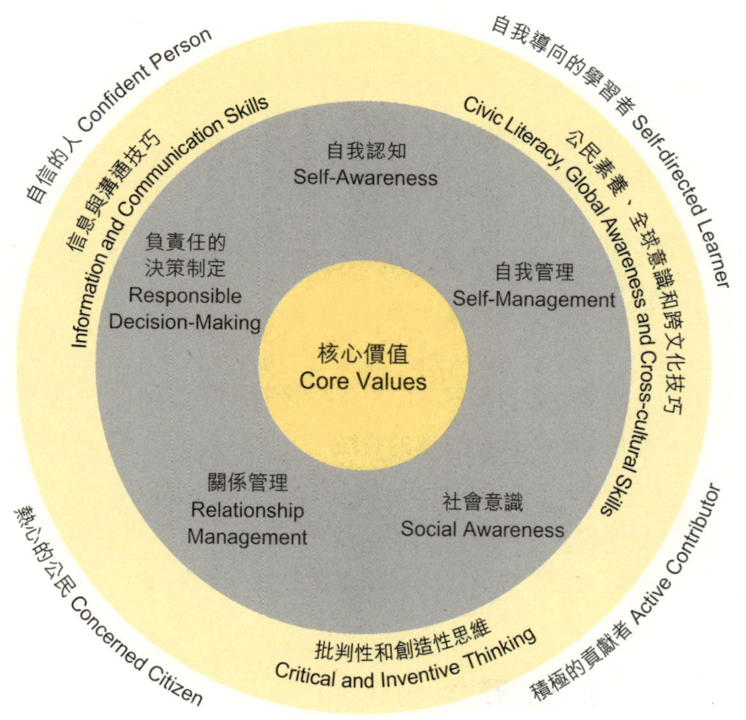

*圖片來源：新加坡教育部*

新加坡擬培育青年人成為以下的人才：

1. 一個自信的人：分辨是非的能力強、適應力強、有彈性、了解自己、有識別力、獨立和批判思考、有效的溝通能力。

2. 一個自我導向的學習者：質疑、反思、堅持不懈，並對自己的學習負責。

3. 一個積極的貢獻者：能夠在團隊中有效地工作，創新、積極主動、作出值得的冒險，力求精益求精。

4. 一個熱心的公民：植根於新加坡，有公民責任感，了解新加坡和世界，並積極改善身邊人的生活。

## 21 世紀生存力

一直以來我對年輕人的成長很有興趣和負擔，也希望加入這些學者、教育專家的行列，一起思考這個重要的問題。

我把認為重要的九種必須掌握的技巧，稱之為「21 世紀生存力」，放在三個框架上。

第一個是有關在資訊時代如何自處，尋找和凝聚對自己有幫助的資訊，把資訊轉化成知識和智慧。我們看重知識，認為它是一種有價值的儲備，不過它不斷累積和更新，對人造成資訊爆炸的壓力；事實上，知識要持續地整理和整合的，所以，我們需要掌握的技巧包括：

1. **搜索力（Googling）**：懂得在資訊的大海洋尋找有用的知識，成為一個自學能力高的人。

2. **專注力（Focus）**：正因為被太多的資訊包圍，我們容易沉溺其中，未能專注於自己的任務上，丹尼爾高曼（Daniel Goleman）提出，我們的成敗視乎有否專注力。

3. **獨處力（Solitude）**：獨處似乎是一種很古老的生活能力，在資訊年代特別重要。資訊在「外」，但沒有這個「我」的「內」化，與自己生命產生化學作用，資訊很難轉化成知識，知識也難轉化為人生智慧。

第二個框架是在這個急速多變的世代，我們要找到自己的位置，成為一個自我的導航者（self-navigator），能定位才找到自己的方向，全速前進。這包括掌握三方面的能力：

1. **定位力（Voice）**：找到自己的聲音和能令自己忘我的召命。找到自己聲音是管理學大師史蒂芬柯維（Stephen Covey）在他的名著《第八個習慣》（*The 8th Habit*）中提出的。而忘我是近代正向心理學（Positive psychology）提出的重要觀念。

2. **抗逆力（Resilience）**：正因為世界多變，我們要有心理準備自己不時要面對生命的高山低谷，如何從人生低谷站起來，或者從負面的人生經驗中轉化出正能量。具備抗逆的能力，是年輕人不可或缺的修養。

3. **堅毅力（Grit）**：美國心理學家 Angela Duckworth 提出，要有成就，必須向自己認定的目標持續努力、不放棄，這才是一個人得以成功的秘訣。

第三個框架是有關人際互動的，教我們活在人羣中，成為一個羣體的貢獻者、世界公民。這方面要掌握三種技巧：

1. **語言力（Bilingual advantage）**：一種語言反映一套世界觀，能明白甚至運用母語以外的語言，人際間的親和力就能發揮出來。在這個地球村，我們與不同國家、文化和種族的人接觸交往，能操雙語（bi-lingual）是最低的要求，若能精通三語（tri-lingual），更能夠遊走於人際的互動中。

2. **社交力（Movement）**：在一個講求聯繫和競爭的世界中，有自己的立場和界線，人際間知進退，是一種不可或缺的人際技巧。心理學家卡倫荷妮（Karen Horney）提出人際的三個流動（3 Movements），是一套具備真知灼見的人際互動系統分析，明白箇中的原則和方向，是人際智商的必修課。

3. **利他力（Give and take）**：成為一個施予者，能夠平衡施與受，而不是一味的苛索或受壓，是貢獻羣體的必備智慧。施比受更為有福原來是有科學根據的呢！

## 探索、前行、貢獻

我們可以把這三組能力看待成一個人實踐夢想的歷程。青年人在資訊繁多的世代探索，搜尋到自己最需要的知識，凝聚成個人智慧。然後專注於自己樂意投身的事情，透過獨處發揮創意。外在世界的探索之後，我們就努力前行，自我定位，鎖定方向之後，向着標竿直跑，過程或會遇到逆境，我們仍然堅持，直至達成夢想。在整個追尋和實踐夢想的過程，精通多種語言，我們要與不同的人合作，在人際中進退有度；最終我們能貢獻自己，祝福身邊的人、祝福這個世界。

即使這代人面對困境有增無減，仍可憑藉鍛煉這九種生存力，改寫自己，以至時代的未來。

## 改寫未來的 9 種生存力

### 在資訊時代自處

搜索力（Googling）：撥開迷霧

專注力（Focus）：應對分心狀態

獨處力（Solitude）：累積智慧與創造力

### 找到個人位置

定位力（Voice）：聆聽自己的聲音

抗逆力（Resilience）：從低谷中反彈

堅毅力（Grit）：走向終點的裝備

### 活在人羣中

語言力（Bilingual advantage）：擴闊你的世界

社交力（Movement）：人際間知進退

利他力（Give and take）：施比受更為有福

# 改寫你的未來：

# 資訊汪洋中尋找適用資源

# 搜索力 Googling：

# 撥開迷霧

周偉豪

## 資訊迷茫

我喜愛看書。在網絡世界愈來愈成熟的時候，在網上書店或圖書館網站只要按幾個鍵，就可找到大量有趣的書籍。中學時期每次在公共圖書館最多借三本書，已看得津津有味，但現在從網上搜尋，找到更多相關的書本，以致常常捧着八本書回家。但時間有限，每天看着書桌上那一疊好像永遠看不完的書，感到壓力很大；每次續借的時候更感到極之沮喪，以往對閱讀的熱情，竟變成一種負累。今日面對這種負累的，又豈只是愛閱讀之人？每個人都會感受到這種迷茫：

> *和 17 世紀的英國人相比，今天一份《紐約時報》一天的信息量，就超過他一生的經驗。80 年代，一個典型的美國人，一年會看 2,463 小時電視、讀 100 份報紙、36 份雜誌和 3 本書，加上要看 3,000 份各式通知和表格，要講 61 小時電話、開無數的會、和朋友聊天……。*

這是資訊研究專家理查伍爾曼（Richard Wurman）在他 90 年代出版的《資訊焦慮》（*Information Anxiety*）一書中，描述的驚人現象。的確，相比起 300 年前的社會，原來我們已不知不覺進入了資訊氾濫的年代。

## 資訊焦慮症

面對海量的資訊，我們隨時都有被淹沒的危險。即使每天花 24 小時不停吸收資訊，我們都只能接觸到冰山的一角；更遑論從中找到合適的資料，結果是產生大海撈針的絕望感。雖然面對這個無助的事實，但世界的資訊增加速度並沒有減慢下來，現代人唯有急起直追、竭力追趕，在措手不及的情況下產生了很多焦慮。

你也有資訊焦慮症嗎？ 以下有一個簡單的測試：

每當坐在電腦前，你會有以下的感覺嗎？

- 常會感到「看不完」；
- 很多資料想看；
- 看了半天也不知道自己到底在看什麼；
- 看得愈多，忘得愈多；
- 還有很多該看的沒看；
- 為看了一堆和自己生活完全無關的文章或報道而焦慮不已，更開始胃痛起來。

如果你有以上經驗，顯示你很大機會已患上資訊焦慮症了。在尋找解決方法之前，我們先了解大部分香港人的學習態度。

## 多快好省的學習態度

香港一直是個高速發展的城市：自50年代起，從小漁村發展成工廠基地；80年代，金融業興盛，短短幾十年更躍升為亞洲其中一個重要的經濟城市。「快靚正」的工作態度，成為香港人生存的必要條件，高效率更成為香港人引以為傲的素質。這種要求即時解決問題得到成果的速食文化，滲透香港人的血液，包括對下一代的教育。香港人一生要面對大大小小的考試，而考試往往要求學生在最短時間內吸收最多的資料，我也是在這種重視短期記憶的學習環境下成長的。還記得在公開考試完畢後兩星期，打算把教科書送贈給鄰居，隨手翻開生物科課本，發現內容竟是如斯陌生，過去一年的囫圇吞棗，短短兩星期竟都忘了，當時感到頗唏噓。

除此之外，現在社會重視持續進修，很多人下班後趕去修讀不同的課程。我問過一位朋友，是什麼推動他每逢週六及週日朝九晚五到大學上密集課程，他無奈的說：「身邊的同事大都有碩士學歷，即使我不追求升職加薪，至少也得保住飯碗啊！」主流社會所追求的成功，往往要透過一些有助找到高薪厚職的學科，知識變得工具化。這種單一的思考形態，使其他持不同看法的學生都被視為「失敗者」。記得曾輔導過一名做糕點很出色的年輕人，在家人朋輩的批評下，他把自己看得一文不值。經過頗長時間的鼓勵，他才從谷底慢慢爬起來，在逆流當中勉力前行。

在最短時間找到最有用的資訊，除了令我們感染了資訊焦慮症外，還令我們得了資訊暴食症，汲汲追趕我們以為「應該了解」的資訊。面對這單一的思考形態，致使我們充滿挫折感，更令我們迷失了，沒法認清每個人都有一條獨特的人生路。

## 面對現實的解脫

本章起首，我提過看着書桌上一疊未閱讀過的書，一直想找時間好好看完，卻老找不到時間，我不得不承認以下事實：

- 我不但「不能」也「不應該」事事吸收，甚至「不須」事事關心，更不需要裝成「全知者」，以掩蓋內心因無知而帶來的恐懼。

- 要找到自己的路，關鍵在於選取什麼與我的生活和興趣有密切關係的資訊。

想通了，把那座「書山」歸還，步出圖書館門口的一刻，我感到無比輕省，心裏對學習的熱愛也漸漸重燃起來。朋友，你準備好跟我一起走這條嶄新的學習之路嗎？

## Googling —— Google 的歷史

相信大家對 Google 一定不會陌生：搜尋旅行路線、尋找米芝蓮食店、以至有關量子力學的學術文章……只要 Google 一下就找到了。Google 由兩名二十出頭的史丹佛研究生 Larry Page 與 Sergey Brin 於 90 年代末創立。Google 的衍生字是 googol，意思是 1 後面加了 100 個零。這個字表達了兩人心中的抱負：統整網路中無可限量的資訊。

## 統整海量資訊

曾任索尼（Sony）公司行政總裁的盛田昭夫曾說：「在這個資訊爆炸的時代，我們每年所使用的資訊卻愈來愈少，同時我們取用資訊的能力也逐漸降低。」要好好篩選和吸收合用的資訊，要先釐清以下四個項目的分別：

## 數據 Data

在互聯網上有不少數據，它們不過是最原始的資料。這些數據對我們意義不大，直至它們得到整理，在相關的背景下解讀才有意思。例如，珠穆朗瑪峰的高度就屬於數據。

## 資訊 Information

經過某一種方式組織和表達的數據會變成資訊，這個過程稱為演繹（interpretation）。不同的演繹手法會產生不同的資訊。例如，把珠穆朗瑪峰的高度和其他山峰的高度順序排列，就可得出珠峰是最高山峰的資訊；或者把它的高度跟附近的地勢高低畫成等高線，就成為行山者需要的地圖。

## 知識 Knowledge

資訊需要被經驗過才能轉化成知識。例如，親身爬過珠穆朗瑪峰，或與爬過珠峰的人士作經驗交流，便會得到一些行山秘訣。知識比數據和資訊更個人化及抽象，也較難在互聯網上找到。

### 智慧 Wisdom

從不斷累積的知識當中，參透到一些共通的模式（pattern），並應用到新的領域裏，這種能力稱為智慧。例如，一名經驗豐富的爬山專家會將人生的困難比喻為登山的經驗，從而在面對逆境時仍保持堅忍不拔的精神。這內化過程需要長時間的個人反省和沉澱，由於不能在課堂上學習得到，因此亦是獨一無二的。

正如進食，我們需要把食物吞下，經過消化後才能轉化成養分，吸收後供應身體使用（例如：製造新細胞、提供能量等）。學習除了要學以致用，更要做到舉一反三，以創新的方法應用已有的知識，才符合世界發展的大趨勢。

## 由旁觀資訊到主動學習

世界太大，資訊太多，坐在課堂上課的學習方式已不足夠。加上網上有豐富的資源，自學變得更方便，甚至成了迎接將來社會多元發展的必備技能。讓我們看看以下兩位出色的建築師和編輯的自學之路吧。

## 建築家安藤忠雄的自學之路

安藤忠雄，國際知名建築大師，建築生涯獲獎無數，包括 1995 年的普立茲克獎（相當於建築界的諾貝爾獎）。曾任耶魯大學和哈佛大學等建築學客座教授的他，原來從未上過大學。安藤生於 40 年代的日本，由於家貧，加上讀書成績不理想，只能完成高中學業；但他從小對建築着迷，因此走上艱辛又孤獨的自學之路。

從高中起，安藤參加拳擊比賽，把贏得的獎金用來購買建築參考書和參觀各國的知名建築。回國後自己成立建築事務所，邊做邊學，通過國家建築師的專業考試。1976 年憑大阪府的住吉長屋，獲日本建築學會賞識而受到關注。參與的建築專案從室內設計到城市規劃都有，更被各國爭相邀請設計不同類型的建築。

## 松浦彌太郎的自學之路

松浦彌太郎生於 1965 年，現任日本殿堂級雜誌《生活手帖》總編輯，同時是著名編輯和作者，作品超過十多冊，內容包括生活的反思、人際關係和自我發現等。他對生活和品味的風格，被稱為「松浦風」，而他更被日本人奉為最懂得生活的日本人。由於抗拒日本刻板的工作，松浦 18 歲便選擇到美國流浪，抱着自學精神的他後來回國打散工，之後更辦起書店來。

閱讀之餘，透過對生活的仔細觀察和反省，創出獨家的生活形態和品味，不被體制所束縛。踏進 50 歲，他才到歐美大學修讀經濟學，把人生的次序倒轉。「走自己的路」就是松浦自學之路的座右銘。

## 自學，全球大趨勢

讀過以上的真人故事，我們如何從中明白自學的原理是怎樣的呢？先認識以下兩大原則：

### 接收什麼？（What to absorb？）—— 過濾器的比喻

面對無盡的資訊，第一步我們需要一個合用的過濾器，去蕪存菁。過濾器中的過濾網，大小和形狀因人而異；因此也會篩選出不同的東西。獨特的過濾網，由兩個項目織成：

## 1. 始於興趣

興趣是人們尋找資訊的最大原動力。不同領域的專家大部分都因為興趣才能排除萬難，鍥而不捨地追尋知識。上文提到的安藤忠雄，就是因為年少時對建築產生濃厚興趣，縱使在日本精英制的教育系統之下被淘汰，成為建築師的機會渺茫，但他仍堅持自己的建築夢，邊做邊學，最後以非學院資格（以建築實務經驗代替認可的大學課程，前者需要更長時間才能獲取參加專業考核的資格），成功考取日本建築師的專業資格。

有人可能認為松浦過的是玩樂人生，但其實尋索也是一個充滿趣味的過程。大家可曾有「認真地玩」的經驗？原理像遊戲治療：在一個領域裏全情投入，自由地四處探索，運用個人創意，讓心底裏的潛能（或潛意識）得到充分的發揮。

我念建築學碩士的時候就經歷過。當時每星期用四天閱讀大量有關建築理論的書籍，到了星期四晚飯後就將所吸收的知識整合，開始我的設計之夜——在夜闌人靜的時候畫草圖、做模型……我很享受這種忘我的境界，直到差不多天亮才上牀睡覺。看着枱上的製成品，心裏又激動又滿足。只要好玩，並且認真地玩樂，就算是嚇人的難題（例如尋找人生的志業和方向），也能以享受的態度面對。

各種興趣往往可以觸類旁通。當我們在尋索過程中對課題了解愈深，愈發現它與其他領域的關聯之處。除了建築設計，安藤在近期也投入與人文科學相關的課題；松浦也從賣書商轉為作者和編輯。

我的學習生涯也經歷過這種觸類旁通的經驗。大學時代修讀建築學，除了學習如何把藝術和科技的結合，我對建築師的成長背景都產生興趣，認識家庭對他們性格和價值觀的塑造，直接影響他們的建築風格，發現原生家庭對人格的影響，引起我對心理學和婚姻家庭輔導的興趣；之後更報讀了有關的碩士課程，開展了人生新一頁。

## 2. 始於無知

如果說興趣是尋索的動力，那麼發問就是尋索的途徑。要對某一課題不斷鑽研，有更深的認識，問合適的問題是自學的重要技巧。正所謂「學問」，就是學習發問。很可惜在香港重視「學」（單方面的教授方式），而忽視「問」的教育下成長的學生，不太愛問問題。除了缺少發問的操練外，在成功主導的社會裏承認自己的無知，在別人面前說「我不知道」，往往令人感到焦慮，無法藉不恥下問增進知識。

以上提及的「資訊焦慮症」，正正是窒礙我們求知的敵人。學習發問，讓我們放下自視過高的心態和對事物的成見，以輕鬆開放的心態迎接新資訊，這才是尋索真相的有效方法。

學習發問也有要留意的地方：

### 1. 問題比答案重要

發問就像旅程中的指南針，指示我們目的地的方向。因此問一道好問題便等於向答案邁進一步了。學海無涯，學習過程發現大量問題是正常不過的事，當中很多懸而未決的謎團不會立即就得到答案。鼓勵大家習慣與疑問共存，假以時日，也許在不知不覺中答案便會浮現在你眼前。

### 2. 逆向發問

嘗試放下自己一直以為絕對的思考模式，從逆向尋找答案。反其道而行往往令我們豁然開朗，產生嶄新的理解。這個顛覆叛逆的觀念，會令很多人感到不安，但冒險而得的成果往往是令人振奮的。

## 如何組織？（How to arrange？）── 蜘蛛網的比喻

有人說：資訊時代是為了那些能夠自由靈活地運用資訊的人而準備的。好好掌握新的資訊規則，正是 21 世紀必須具備的能力。透過過濾獲得的往往屬於資訊的層面。如何把它們轉化成有意義的知識甚至是人生智慧呢？

處理資訊的原則讓我想起蜘蛛網的比喻。網的特點是互相連結。萬維網網址前端的 www（World Wide Web 環球信息網），就是把資料交織成網的意思。以舊資訊為參考點，透過個人獨特的組織方法與新資訊連結，凝聚成個人的知識和智慧。

以上這個過程稱為內化（assimilation），內化可分為客觀內化和主觀內化。客觀內化着重知識層面和客觀經驗的連結，而主觀內化則較重視與個人經驗的整合。

內化的原則主要有四個元素：類比、因果關係、連結和對話。以下參考 *Working Knowledge* 的作者 Thomas Davenport 和 Laurence Prusak（1998）的指引，幫助大家更具體地了解：

- 類比（comparison）：對比熟悉的舊資訊，新資訊有什麼相同 / 不同之處？

- 因果關係（consequences）：在同一處境下，分別根據新 / 舊資訊作決定，結果會有何差異？

- 連結（connections）：資訊之間如何連結 / 互相關聯？（如：地域、時序、性質、架構等）

- 對話（conversation）：考量多方人士對資訊的不同看法從而得出結論。

以上四個元素，旨在刺激讀者透過不同的組織方式，將資訊重新排列組合（remix），得出新的、更有效的資訊處理方式。

## 我也患上了資訊焦慮症

我在準備這篇文章時，親身經歷過資訊焦慮症之苦。面對大量的資訊，腦海裏充塞大量零碎的資料，不知如何整理和表達。稿期愈來愈近，壓力愈來愈大，甚至有輕微失眠的情況。為了突破困局，在放假時我完全不碰有關寫作的東西，到城門河邊走走。腦海中浮現出兩個問題：「有什麼是你感興趣的內容？」「有什麼是你想追問下去的東西？」

放下全知者的角色，跟讀者同行，就跟這幾天浮現的人和事（例如安藤忠雄、松浦彌太郎和我自身的學習經歷等）來個整理吧，說不定有新發現呢！在漸漸疏理出頭緒後，我感到如釋重負，寫下去也更起勁，進度亦理想得多。深願這個處理資訊的新體驗，可以給你們在茫茫的資訊大海中一點鼓勵吧。

最後與大家分享在松浦彌太郎《今天也要用心過生活》中，我最喜歡的一段：「……就是因為我一直保持着問『為什麼？』的好奇心，即使角色改變了，我還是原來的我。花心思為每個提問找到答案，生活中便處處可見用心與新發現。能像品嚐美食或喝一杯讓人放鬆心情的熱茶，品味每一天，這就是幸福。」

朋友，你準備好細味自學的無窮趣味嗎？

面對資訊汪洋，不要只管焦慮或遊盪，要學會找到有用的資訊，透過自學，轉化成知識與智慧，裝備你在這時代自處。

# 搜索力 Googling

困境 → 鍛煉搜索力

· 很多書看不完
· 很多資料想看
· 網海迷途
· 看得多忘得多

· 統整資訊
· 自學

- 織一張過濾網：追尋、發問
- 把知識內化：類比、因果、連結、對話

- 感受自學的興趣
- 感受生活的趣味
- 新發現、新點子
- 在汪洋中收穫智慧

## 鍛煉搜索力

### 1. 織出你的過濾網

- 重看舊照片和日記，回想小時候令你興奮的事情，這會是你仍然感到心動、趣味盎然的東西嗎？
- 你有「認真地玩」的經驗嗎？嘗試放下一切得失成敗的考量，單單沉醉在玩樂的尋找之旅當中。
- 你現在投入的興趣是否與其他領域有關聯呢？登上以下網站鍵入相關的關鍵詞，可能有意外的收穫呢！

http://www.visuwords.com

- 把日常生活見到有趣的和好奇的東西寫在紙條上，放在盒子裏。每個星期六把收集到的紙條重看一次，然後上網或到圖書館找資料，或請教有關的朋友。

- 遇上感興趣的課題，嘗試從 6W（Who / What / Why / Where / When / How）的發問句式作多方面的理解，學習跟問題做好朋友，它們是你求學的明燈。

- 嘗試站在「不知者」的角度了解一個耳熟能詳的課題，用 Why not 代替 Why 發問。

## 2. 主觀內化的小心得

主觀內化涉及個人化的整理，需要更多的空間和時間。在兩者都欠奉的香港，個人內省顯得尤其重要。跟大家分享以下的小心得：

- 切成小塊：把每天過濾後獲得的資訊分拆成小部件，每天只集中精神處理一項。

- 睡前半小時：我會在睡前預留個人時間，在腦海中想像，或透過寫日記，逐一細味當天發生過的人與事，以及因它們而引發起的感覺和想法，思想這些片段與個人經驗的關係。

- 走路：很多作家和哲學家都有一邊走路一邊整理思緒的習慣，我會在午飯時到公園走 15 分鐘，很多新體會和見解也是步行中的意外收穫呢！

## 參考資料

*王力行〈閱讀不在？〉，載於《遠見雜誌》164 期（2000），網址：
http://www.gvm.com.tw/Boardcontent_7054_1.html*

*陳小小〈面對資訊焦慮症〉，網址：
http://a2z-us.fhl.net/paper/paper244.html*

*Guerra, Anna.（2013 October 27）. Keeping Play in Imagination: Some Thoughts on the Microethics of our Professional Rules of Conduct. Retrieved from, http://www.cgjungpage.org/learn/articles/analytical-psychology/941-keeping-play-in-imagination-some-thoughts-on-the-microethics-of-our-professional-rules-of-conduct*

*楊艾俐〈如何克服資訊焦慮〉，載於《天下雜誌》163 期（2012），網址：
http://www.cheers.com.tw/article/article.action?id=5021058&page=1*

*Girard, J., & Allison, M.（2008）. Information Anxiety: Fact, Fable or Fallacy. The Electronic Journal of Knowledge Management. Volume 6, Issue 2, 2008.*

# 專注力 Focus：
## 應對分心狀態

周偉豪

## 專注的一代

最近出現了「低頭族」這個新名詞。意即經常垂下頭，看着智能電話，只以「頭殼頂」跟人打招呼的一羣人。我曾目睹一名少女，在旺角的行人路上因只顧着低頭看手機而撞向燈柱。（不只很痛，更尷尬死了！）

踏入千禧世紀，電子通訊產品有突破性的發展，智能手機、平板電腦等大行其道，幾乎人手一機（人手二、三機的也有不少）。現今，車廂和餐室變得靜悄悄，少了很多談話和笑聲。大部分人都聚精會神地掃着手上的熒光幕，瀏覽着 Facebook、WhatsApp 訊息和電子郵件等。手上小小的儀器，把我們跟大千世界連接起來。

專門研究大腦與專注力的學者丹尼爾高曼（Daniel Golemon）指出，專注力是人類卓越發展中不可或缺的元素。

既然如此，是否代表大部分人都離成功不遠呢？我們要先認識何謂專注力。

## 由遠至近的覺察

高曼指出，專注力包含不同的元素。以上看手機的例子屬於選擇性集中（selective attention），即把自己的感官（眼、耳、口、手指）跟單一的目標（手機）連接起來。這個跟傳統觀念的集中力相似（例如全神貫注地溫習功課）。但除此之外，專注力還需要開放的覺察力（open awareness），才不會顧此失彼。好像武俠小說中「眼觀六路，耳聽八方」的武林高手，就是施展這種專注力。

高曼又指出，專注的對象有助我們更全面了解為何專注力這樣重要。

專注的向度可分為三大類：對自己（self-focus）、對他人（other-focus）和對外界（outer-focus）的專注。對自己專注，包括留心自己身心靈各方面的狀況，例如察覺到緊張時肩膀肌肉繃緊、呼吸急速短淺；覺察到自己因小事一樁而大發雷霆，甚至聽到心靈深處的微聲呼喚。

對他人專注，指留心別人的說話、行為、情緒、表情、小動作，甚至背後的動機。正如心理學上一個重要概念：同理心（empathy），即從對方的觀點和角度看事情，與他感同身受的意思。

至於對外界專注，小至行人路上的磚塊（或上文提到的燈柱），大至公司的行政架構，甚至地球暖化背後的物理現象，以至太陽系恆星與行星之間的引力，都隱藏着一套特定和邏輯性的模式，對人類生存非常重要。

## 專注力放到哪兒？

無疑科技為人類帶來很多方便，又能增加辦事效率。我太太有一項出色的技能，就是記電話號碼。由於她出身大家庭，又是家中大家姐，以前沒有手提電話，也不多用電話簿，因此就充當父母的「人肉電話簿」，隨時可以背出十多個親戚的電話號碼。我小時候常跟媽媽到市場買菜，在結賬前我都會心算貨品的總值，以防收銀員計錯數。記憶和運算都牽涉短暫的專注力。沒想到這些簡單的技能，都因手機的「幫忙」而用不着了。

2006 年，美國字典加入了一個新的合成字：pizzled，意思是令人惱怒（pissed off）和困惑（puzzled）。也許，大家都可能有以下經歷：在餐廳裏，一羣舊同學難得相聚，但大家都看着手機，忙着跟其他親友交換消息。如果你是唯一一個沒有用智能手機的座上客，相信一定會明白這種感受了。

自古以來人類最直接真實的溝通方法，會否被短訊和表情圖案完全取代，以致你不再願意或不再能夠靜靜地跟你最親密的親友面對面，明白和了解彼此的思想和感受？科技可以拉近人與人之間的距離，也可能阻隔了你對身邊人的注意力。

食指不斷向上掃着，期待着別人的一個 like 和新的 news feed；不停地按着「更新」鍵，等着某某的電郵回覆；指頭在熒光幕上帶領着五彩轉珠迂迴地遊走……光陰就在彈指之間溜走了。我想起一首詩歌：「時光不會停留，人生轉瞬便逝，願珍惜光陰不再歲月蹉跎……」茫然的雙眼，反映着熒光幕七彩繽紛的耀眼光線，這是我們平日的專注力所在。不過，單靠這種「心無旁騖」的專注力，並未能滿足 21 世紀追求卓越的社會要求。我們是否能專心一致，握着自己的人生方向盤，往目的地進發，這才是專注力帶來成功的關鍵。接下來我們一起去認識專注力對我們的意義吧！

## 資訊海洋中的 GPS

大家曾坐遠洋船嗎？在廣闊無垠的海洋，晝夜航行數星期以至數個月，大部分輪船都能安全航行，抵達千里外的目的地。古時依賴星宿作嚮導，近代則使用雷達，今天靠賴全球定位系統（Global Positioning System，簡稱 GPS）。不過，航海的難度不單看航程遠近，船長怎樣選擇最短的航道才能節省時間和燃料，有時要面對突如其來的風暴，變幻莫測的水流和風向，都會迫使船隻「偏離軌道」；還有航程中需要到中途站補給，上落貨物及旅客等等，都增加了航海的複雜性和危險度。

同樣，當我們藉通訊科技在浩翰的資訊海洋中徜徉，享受多采多姿的歷險之旅，豐富的資訊固然令人類生活更方便快捷，但同時也帶來危機。1978 年諾貝爾經濟學獎得主司馬賀（Herbert Simon）警告，洶湧的資訊正吞噬着人類其中一樣最寶貴的特質：專注力。

傳統認知的專注力包含意志（will power）、耐性以及自控力（self-control）等元素。高曼稱這源自大腦皮層的心智能力，稱為「由上而下」（top-bottom）的專注力。他提出，傳統的專注力固然是人類卓越發展中不可或缺的元素，但認知科學近年有關大腦的研究，卻揭示了另一種不可或缺，「由下而上」（bottom-top）的心智能力。

這種思考狀態源於大腦皮層之下，在原始人時期已發展成熟（例如於狩獵時的「一眼關七」，以及逃避猛獸攻擊時需要的快速反射動作等），比「由上而下」操作的神經網絡（top-bottom circuitry）速度更快。其實現代人對它一點也不陌生，就是現今社會稱之為直覺（intuition）和開放的察覺力的思維。可是現代人往往把它們標籤為感情用事、散漫和不事生產的分心狀態，認為是與理性相悖的。

先看看它們的分別：

| 「由上而下」的神經網絡 | 「由下而上」的神經網絡 |
|---|---|
| 運轉速度較慢 | 運轉速度較快 |
| 自覺的，要費勁的操作 | 自動，不自覺地時刻操作着，習慣性動作的執行者 |
| 以理性、邏輯操作 | 以直覺聯想的網絡操作 |
| 自控中心，大多時間控制情緒的爆發 | 較衝動，較易受情緒影響 |
| 制訂、執行計劃 | 制訂計劃的大方向 |

愈來愈多研究發現，能好好平衡這兩種截然不同的思考模式，在現今資訊氾濫的時代尤為重要。情況就好比一艘船，既需要一套先進的 GPS 系統，同時也需要一位富航海經驗的船長駕駛；在變幻莫測的海洋，理性的數據和直覺的經驗並用，才能安全抵達目的地。

## 文藝女生

專注力的向度包括，從自我的察覺（self-awareness）以至對世界的觸覺（sensitivity to the world）。最近與一位善於尋找本地獨立樂團和懷舊物品（如二手陶瓷、暖水壺、菲林相機等）資訊的朋友傾談，她在「網海」搜尋資料的方式，正是專注力這課題一個活生生的例子。

她自稱文藝青年，喜愛較小眾的文化和生活模式，例如一些懷舊、滿載人情味的手作製品，以及着重經歷、反省、慢活生活形態，細味人生多於物質等。她對自己的好惡十分清楚，不輕易隨波逐流。她説在網上搜尋相關資料的成效並不理想，即使鍵入明確的關鍵詞，頂多連繫到不相關的內地網頁。因此她轉而透過 Facebook 的連繫功能，跟幾位志趣相投的朋友連結，進而加入一些相關羣組，慢慢建立起自己獨有的資訊網絡。

除了定下清晰的搜尋目標，以開放的態度接收並聯繫相關的人與事之外，她還下了不少功夫。有次，她從背包中拿出筆記本跟我分享，內裏貼滿了有關文化藝術的剪報和消息、有趣的圖片，還有她撰寫的讀後感、對生活的看法、即興的塗鴉等。透過不斷反省和整理，將瑣碎、表面的資料內化與深化，成為自己的獨家知識。

以上的例子讓我們了解到，在波濤洶湧的資訊海洋裏，除了需要上一章提及的搜索力之外，專注於一個領域去找尋相關的資料也是不可或缺的。搜索力就像漁網，透過網眼的大小，在鎖定的範圍裏把大魚從其他海產和幼魚分辨出來；專注力就像船錨，把漁船停泊在要捕獲的魚羣當中。隨着強化自我的察覺和對世界的觸覺，漁夫就能在更準確的位置下錨，得到最理想的漁穫。專注力與搜索力就像漁船的錨與網，幫助我們在容易迷失的資訊海洋之中找到合用的東西。

專注於有用的資料，然後懂得將資料抽取並轉化為知識，確實是現代人步向卓越不可或缺的力量。你具備這些能力嗎？

## 專注力健身室

從事廣告設計的人士指出，數年前每當向客戶介紹廣告概念內容時，至少有五分鐘；但現在如果你未能在分半鐘內完成，聽眾就會心不在焉，開始看手機查閱訊息了。

在現實生活裏，我們很多時都處於「離線狀態」(away mode)。具體一點說，現代人持續處於「一心數用」的狀態(continuous partial attention)，即或有時一心一意，集中某一事上，集中的時間可能非常短。電子遊戲、通訊程式等都要求我們以最快的速度回應，三思而後行在現代社會往往被視為欠缺效率。但提高「效率」後，多出的時間就用來回應更多的人和事，生活趨向瑣碎化，對人對事的認識都變得較膚淺。我們如何在這種生活方式中鍛煉出專注力？

正如記憶力、分析力都能夠操練，專注力也不例外。以下介紹一些實際的建議，期望提升大家的專注力。預備好進入我們的專注力健身室嗎？

## 司機與賽車手

有人説做任何事只要練習 10,000 小時，你就能成為該方面的專家。你試過嗎？

其實除了時數外，訓練方式也十分重要。例如學習駕駛，經過大概 50 小時的訓練就可以成為一個不錯的司機了。開始駕駛時，我們都會集中精神，留意着駕駛盤、油門、剎車掣、指示燈、路牌、路面情況、行人等等。這段時間，大腦正運用由上而下的神經網絡來學習新技能。之後，技能漸漸內化，轉以由下而上的神經網絡接替，此後就能不費勁地輕鬆駕駛了。但即使每逢週末都遊車河，這名司機始終都不會成為專業賽車手。究竟他欠缺了什麼呢？原來是以下三大元素：

### 1. 正面思考

如果不斷提醒車手不要在某個急彎犯錯，車手的腦海往往會重複那個曾經犯錯的情景，當時沮喪的心情、教練失望的眼神等等。如此訓練下去，只會「鞏固」車手犯同樣錯誤的「能力」，再加上人怕犯錯的心理壓力，會令運動員專注力下降，進一步走向失敗。

研究顯示，想有效改善表現，就要給大腦一些正面的指示。例如給車手觀看其他車手完美轉彎的影片，不斷回想他表現出色的經歷，愈仔細愈好，例如在那一刻隔着手套握着方向盤的手感、踏着加速器時給腳掌帶來的阻力感、引擎傳來的微妙聲音轉變、車箱溫度、頭盔的觸感，甚至在領獎台上聽到的喝采聲……力求把一切注意力放在成功的經驗上，把正面的記憶深印腦中。

根據認知科學的研究，正面的思想和情緒有效提高我們的專注力，增進思維的靈活性，練就更持久的忍耐力。這些能力不單對運動員重要，在其他領域也是不可或缺的成功元素。心理學家羅撒特（Marcial Losada）研究正面情緒與卓越表現的關係，得出一個神奇數字：原來一次負面經驗，需要三次正面經驗抵銷，才能產生良好的表現。（但正面和負面經驗的比例不能多過 11：1，否則會令人過於樂觀而掉以輕心。）

一些令人更正面的建議：

- 問自己一個假設性問題：「如果一切如你所願，在（一年 / 五年 / 十年）後你會過什麼樣的生活？」

- 運用你的創意，並你最擅長的表達方法（文字或繪圖等）把以上的短 / 中 / 長期理想生活勾畫出來，愈仔細愈真實愈好。

- 在生活中細心留意能夠實踐夢想*的可能性，按部就班執行以上的理想生活藍圖；過程中或許需要微調方向，但要保持態度正面，視之為學習並通向夢想的寶貴經驗。

** 引發興奮、快樂、期待和靈感湧現的事，很可能就是你的夢想了。*

## 2. 充足休息

維持專注力需要很多能量，因此有適當的休息非常重要。如果過長時間鍛煉專注，就好像整天都在健身室做舉重訓練，令我們的思想肌肉過勞，影響表現。心理學研究結果發現，每天四小時高度集中的訓練為最理想。

要怎樣休息才對腦袋最有幫助？

美國密歇根大學卡普蘭教授（Rachel and Stephen Kaplan）的回復專注力理論（Attention Recovery Theory）指出，由下而上的開放專注，有效恢復因高度集中而使用的能量：上網、電子遊戲和回覆電郵等除外。卡普蘭的研究顯示，最有效的休息首先是關掉所有電子通訊儀器，然後到公園走走，可以欣賞日落，細看蝴蝶翅膀上漂亮的花紋。即使只身處大自然數分鐘，也能恢復我們的集中力、記憶力和認知力。

除此之外，我們可以把注意力放在五官的接收上。例如嗅嗅公園的花香，細聽水池的流水淙淙；或嘗試近年很流行的靜觀訓練，留心自己每一個深呼吸，並放鬆肌肉。除了靜態訓練之外，到海灘跟朋友暢泳一番都有差不多的功效，重點是把你的注意力投放在能令人放鬆的事情上。以下是我的休息操練，給大家參考：

- 找一處安靜的地方，不被打擾，可以放鬆（例：家中書房的一角）。
- 選擇一種舒服但不會令人入睡的坐姿（例：坐在一張有靠背的坐椅上，放鬆肩膊，雙手放在大腿上）。
- 閉上眼，慢慢作深呼吸，由頭頂至腳趾作一次掃描，讓緊張的肌肉放鬆。
- 繼續閉上眼，幻想並進入一個令你感到很放鬆的環境（例：坐在沙灘椅上、感受溫暖的陽光和柔和的海風）。

- 讓自己沉醉在這環境 10 分鐘，然後慢慢張開雙眼。

- 也可以參考基督教的靈修操練，慢慢地在心裏重複默念一句你喜歡的《聖經》經文。

### 3. 勤下苦功（GYM-like work out）

上文提及的司機和賽車手的分別，除了在腦袋裏回想成功經驗外，還真的要下苦功才行。賽車教練會把駕駛技術細分成很小的部分（例：只練習直路入 180 度彎的部分），然後要求賽車手刻意集中精力，不斷重複練習這一部分（deliberate practice），直至滿意為止。

這種專注力是由上而下的神經網絡所帶動的，與傳統的集中力很接近，分別在於把要記下的東西切割成若干小份，每次集中精神在其中一個小塊上。這些專注小塊（attention chunks）會成為長期記憶，假以時日就能記下大量資料。這些資料就成為你大腦儲存庫的索引，能隨時輕鬆提取相關的內容。粗略估計，要成為專家，大概要有 50,000 條索引。

另一個訓練是單點對焦法（Single point focus）。神經科專家研究發現，單點對焦在大腦認知的循環分為四部分：

- 分心；
- 察覺自己分心；
- 轉念，離開分心的狀態；
- 集中力重回到對焦的事物上。

透過這個循環不息的過程，魂遊象外與轉念這兩個區域會產生更多神經連接，就像舉重，不斷地加重訓練，長期集中能力練習，這塊腦部「肌肉」會變得愈來愈強。

## 大航海時代

行文至此，我想起網上的經典角色扮演遊戲（Role Play Game，RPG）《大航海時代》。玩家可以選擇不同的角色（冒險家、商人或軍人），在大海展開冒險之旅。

其實在人生旅程中，我們在個人成長、學業、工作、戀愛、家庭以至社會各方面，都扮演着不同的角色，在這如汪洋大海般的人和事之中，朝目的地奮力前行。旅途當中無可避免會遇見很多令人分心的事物。它們可能都是美好和值得追尋的，但我們不得不接受現實，只能在有限的時空裏鎖定目標才不致於一事無成。還記得上一章提及的搜索力嗎？出於興趣和熱情的求知欲，以及持續的反思整理和內化，就好像我們心中的舵，引領我們到心所願的地方。但在路程當中有時我們需要停留駐足，發揮專注力以騰出空間，藉發問和反省，沉澱和整合，令目標可以愈來愈精確。有人說：你所專注的就是你的現實（Your focus is your reality），我相信當中包含了縱向的進深和橫向的定位。搜索力和專注力就像兄弟倆，在這個「找」和「停」的循環當中，引領我們一步一步走到目的地。

願你透過這人生的 RPG 遊戲（Rest-Positive-Gym），找到自己的定位和方向。

# 專注力 Focus

資訊汪洋中遇溺 → 鍛煉專注力

- 分心
- 焦慮
- 迷失

- 正面思考
- 充足休息
- 下苦工

**廣闊的專注力** → **好處**

· 自我察覺
· 世界觸覺

· 專注目標
· 定睛方向

## 鍛煉專注力

### 1. 你的專注力如何？

- 你有意識自己在網絡上迷失嗎？
- 你認識自己的好惡嗎？
- 你用什麼方法找尋資料（網絡、圖書館 / 書店、相關朋友等）？
- 你如何避過令人分心的網上資訊呢？
- 你有整理搜尋得來的資料嗎？

### 2. 小塊練習

- 把你喜歡的文章 / 對白 / 歌詞 / 名人演説分成一個個小部分（例：20 字一組），每天早上把它背熟，到了晚上再背一次；
- 翌日把第二部分背熟，並把第一天的部分也背出來；

- 直至把第一及第二部分都記熟後，才開始記第三部分；
- 如此累積下去直到把整部作品熟記為止。

### 3. 單點對焦法

- 閉上雙眼，坐在椅上，雙手手掌放在大腿上；
- 深呼吸，每一次呼氣，右手食指就在大腿上按一下，第五次呼氣時就以右手食指在大腿上按兩下；
- 當察覺分心時，儘快回到上一部的動作；
- 以限時三分鐘開始，逐漸加增練習時間。

# 獨處力 Solitude：
# 累積智慧與創造力

你有否試過，每天坐到電腦前，或拿着手機，就不時有訊息跳出吸引你關注，這些分散我們注意力的騷擾，會大大減低工作效率。

所以有人認為，我們這個數碼世代出現注意力持續分散（continuous partial attention）的問題。換句話説，就是上一章提及的專注力問題，持續和分散正是缺乏專注的表現。

## 在資訊中逃避自己

在〈搜索力〉一章提過，當我們要處理的資訊太多，與各式各樣不同的人連繫、通訊，便會出現一種資訊超載（information overload）的狀況，精神健康專家稱之為資訊疲勞症候羣（Information Fatigue Syndrome）。

以下是資訊疲勞症候羣的特徵：

- 集中力欠佳，因為我們的短期記憶超載了；
- 要同時間兼顧多項任務（multi-tasking），專家告訴我們，這只會降低工作效率；

- 常常有種追趕時間的匆忙感；
- 要兼顧太多煩亂的事情，結果內裏充滿憤怒的情緒；
- 習慣性進入一種大腦一片空白的狀況；
- 強迫自己要連線 'plugged in'，不斷檢查電郵、短訊或上網，目的是要與人接觸 'in touch'；
- 出現一般壓力導致的身心狀況，包括免疫力下降、情緒低落和枯竭等。

這種問題在第一、二章都提及過，但這章要說的是同一情況下衍生的另一個問題。

## 逃避自我

有時我們故意迷失於數碼世界，是為了逃避。曾聽過一位少女的分享：她一個月內收發了 27,000 條短訊，你想她還有多少時間留給自己？

當人要認真跟你説話的時候，你立刻低頭看着手機，示意不方便跟對方傾談，這似乎是一種很禮貌的隱藏或逃避自己的最好方法。

或許十年前，當智能手機尚未流行，我們不像今天那麼方便去逃避接觸人，而且有時要逃避的，是和自己接觸。

## 接觸寂寞

有名研究寂寞的心理學家 Clark E. Moustakas，在他的經典著作 *Loneliness* 中，將寂寞分為兩種，一種是作為人必然面對的寂寞，稱為存在的寂寞（existential loneliness）；另一種是寂寞的焦慮（loneliness anxiety）。後者是我們對寂寞恐懼所引發出來的寂寞，這會驅使我們以不同的方法來逃避它，最終使我們與自己更加疏離。

因恐懼而逃避寂寞（escape from loneliness）有很多種方法，我們可以將自己的日程表填得滿滿的，不讓自己有片刻的安靜；縱然有一些空隙的時段，現代科技也可以為我們提供很多逃避自己的玩意，iPhone、iPad、PDA 等都可以讓我們在公共交通工具上玩遊戲、看電影；回到家中也可以不斷看電視節目、上網；每一刻都有玩意佔據我們的思想空間、時間，表面上會感到不那麼寂寞吧！但對自己陌生、不懂跟自己做朋友的人，仍然難逃寂寞。

心理學家羅洛梅（Rollo May）説過：若我們敢於對自己真誠，必然是寂寞的。因為在真誠裏，我們要將自己與大眾分開，不再只顧遵從大多數人的標準。要真誠就會感到寂寞，為要抓緊成為真我的時刻。就像一個人駕車，坐在司機座位的是自己，車子走的方向，不受拘束。若我們不敢對自己真誠，就像一個人駕車，坐在司機座位上的不是自己，而是別人及社會的期望；自己不能掌舵的生活，是一種被驅趕的生命，給人牽着鼻子走的人最寂寞。

## 獨處的能力

兒童精神病學家唐納德威尼科特（Donald Winnicott）認為，小童有獨處的能力（capacity to be alone）是他成熟的必要條件。若他經常要迎合成人的期望，便失去自己真正的感受和需要；唯有在獨處時，他才對自己有更多的體現與發掘。可惜的是，大部分人因為成長環境等種種因素，加上社會風氣、電視文化，獨處往往被視為不事生產、退縮的表現。

原來，我們可以透過整理自己的生活時間表，騰出空間獨處，這空間是十分重要的。獨處是找到自己方向的重要習慣，一個人要透過獨處，找到「我是誰」；否則，我們的生活就像失去了導航系統般，失去方向。

最近讀到一份兒童教育的文章，指出學校很少強調小孩子學習獨處的重要。不過，研究人員訪問了一些小朋友，他們卻可以舉出不少獨處的好處，孩子認為獨處可以有積極作用和效果，如：

- 安祥；
- 寧靜；
- 放鬆；
- 減少焦慮、緊張、憤怒；
- 製造反思的機會，孩子藉此了解自己的缺點，並尋求解決方案；
- 規劃個人日程；
- 自力更生和增強自我效能感；
- 有自我控制和把握感；

- 增強獨立自主的意識；
- 保留隱私和保密：可以做白日夢或寫日記；
- 能進行有意義的事情如一個人玩，做功課、閱讀、繪畫、聽音樂；
- 集中於一些任務，並達致高成就；
- 自由地做喜歡的事情。

當人獨處時，狀態雖是獨自一人，卻不可說是單獨的；因為他正在與自己相處，像二人組合中的人際關係一樣。我（I）作為一個主體，正跟一個客體的我（me）相處，這包括聆聽與回應。情況彷彿對方身上有很多有待發現的東西，你作為他的朋友，想進深認識他；你進一步認識他，可以加深你與他的感情，更可以鼓勵他、肯定他和安慰他。

事實上，生命中有太多雜務和瑣事，由於缺乏機會獨處，我們沒有一份澄明去判斷何為重要、次要，結果那些瑣事佔據了我們的時間，與正事的量不成正比，使我們本末倒置。獨處是一個抉擇的時候，我們可以在生活的雜務中，重新擺放自己的優先次序。就在獨處的時候，我可以決定今天應該要怎樣渡過；我可以決定什麼時間安排工作、遊戲；或不慌不忙的享受悠閒。我再一次成為自己生活的主人。我可以問自己：今天我想嚐什麼？看什麼？聆聽什麼？我收納自己的生活是為了騰出獨處的時間，趁獨處的時候找回自己，學習活在當下、活在自己選擇的生活裏。

## 獨處讓我們恢復元氣

獨處方程式：

給自己私人時間與空間

+

給自己恢復精神的機會

---

= 活出最好的你

我猜電影明星常常要跟人、跟傳媒接觸，經常在鏡頭面前生活，格外渴求獨處的時間。著名的女影星柯德莉夏萍（Audrey Hepburn）曾説過：「我經常要單獨一個人的時間，若果我能從星期六晚到星期一早上單獨留在家，我會感到十分快樂，我只有這樣為自己『充電』。」

## 獨處能增進與人連繫

人不能處親密的一個基本原因，是我們害怕與自己親密，要是一個人對自己感到陌生，他與別人也自然疏遠起來。

有人將我們的內心比作一間屋，裏面住了很多客人，有些客人很友善和受歡迎，另外有一些卻不容易相處。那些客人的名字可能叫作失望、內疚和後悔。

當我們獨自留在家中，那份靜默迫使我們正視自己。那些不易相處的客人，偏與你碰個正着；我們想避開，故意使自己忙碌、扭開收音機、猛吃零食。然而，當我們靜下來，不再避開他們，學習接納他們成為家中的一分子，就會發現這正是人生的寫照，有快樂有憂愁、有成功有失敗、有和諧也有衝突。當我們不再懼怕自己時，能將孤獨轉化為獨處。

透過獨處，我們重新確立自己的方向；學習信任自己的內在資源，不讓外在的環境決定自己的將來。

獨處除了能整理自己之外，它也是與人親密的基石。在獨處的時候，我們才驚覺人能走在一起，並不是必然的；我們原來是分散，能相聚是如此寶貴。

獨處邀請我們淨化對別人的期望，承認自己的脆弱，也提醒我們拆去圍牆，與別人的心架起一道開放的橋樑，盼望建立豐富而真誠的親密關係。

人與人若要增進親密，有賴彼此真誠的自我坦露。獨處得法，能幫助我們認識和接納自我，有了自我才談得上與別人分享坦露；透過親密的坦露和友善的回應，我們便更認識自己。

## 資訊的 Fasting

獨處似乎是一種很古老的生活能力，但在今日的資訊年代顯得格外重要。資訊在「外」，但沒有這個「我」的「內」化，讓資訊與個人生命產生化學作用，資訊很難轉化成知識、知識也難轉化為人生的智慧。

要認識如何在資訊世界中獨處，可以先參考禁食的例子。

禁食對身體有很多好處。很多人顧慮禁食會損害健康，但大多數對禁食有所認知的營養學家及保健專家，都能舉出短期禁食使人重新得力的例子。例如，禁食促使營養重新組合，使肝功能復原、胃得醫治、消化功能提高，不少器官得益於禁食期間的營養再生。

曾操練禁食的人認為，禁食能抑制他那強迫性、騷擾性的食慾。禁食讓人發現，原來我們所需的食物並不是自己想像的那麼多。進食太多導致人容易沉睡，但在禁食期間，身體膨脹的感覺會慢慢消失，令人感到更加輕盈。

我們會發現自己可以拒絕那引誘自己的食慾，使心裏感覺到更多的自由。這種自由有一個普遍化（generalization）的作用，我們意識到生命中其他慾望也可以得到淨化。

所以，禁絕資訊是一種另類的禁食，透過停絕一切電郵、資訊、回覆短訊、口訊等，得到禁食的效果。

## 獨處引發創意

獨處其實是接觸自己豐富靈感泉源的機會，獨處讓我們的創意得到培育。試想想，你單獨一個人時，可以做出多少有意義的工作。

研究創意的心理學家告訴我們，創意需要兩種截然不同的素質，就是獨處和協作。協作的時候我們可以透過人際的互動和意見交流，產生不同意念的化學作用。但不少創意的工作都包含了很多苦工，要閉門造車。這就只可以在獨處的時候進行。

當我們安靜下來，聆聽自己的思想流動，我們可以觸及內心的深處，那裏有很多專屬你的寶藏，等待你去發掘。

兩位創意無限的天才愛因斯坦和莫扎特對獨處與創作有這樣想法。

愛因斯坦：「雖然我有一個固定的工作時間表，我仍需要時間去沙灘散步，這樣我可以聆聽我腦海中有什麼想法。如果工作不順利，我會在一個工作日躺下盯着天花板，我可以聽到和看到內心的想像在流動。」

莫扎特：「當我是完全自己，完全單獨時，這是美好的時刻，如果坐在一輛馬車上或吃一頓美餐，或一夜，我無法入睡，就在這種獨處的情況下，我的創作湧流得最好和最豐富。」

在這個新世代，我們擁有別人皆有的知識已經沒什麼優勢可言，我們要增強自己，得靠這個獨特的「我」的元素。這個「我」創意地加進我的知識、職業和生活，才是我的價值所在。所以，透過獨處而得到的靈感和創意，不單讓我們和別人的交流、協作更有效，也是我們貢獻自己生命的一個途徑。

讓我們再一次擁抱獨處的好處：

- 有時間思考；
- 能自我滿足，運用自己內在的資源；
- 面對我們心中的惡魔，並處理它們；
- 思考我們所做的，並從中汲取教訓；
- 因着對自我了解的加深和接納，更能自然流露真我；
- 創造空間；
- 能在忙亂的外在世界中，找到內心的平安與寧靜；
- 與其他的影響隔離，幫助我們找到自己的聲音；
- 找到自己的身分，更有效愛周圍的人；
- 能藉創意獨處，對抗寂寞與沉悶。

## 搜索、專注、獨處

常言道，機會是留給有才智和有準備的人，在這個知識型和資訊爆炸的社會，有知識只是一個基本要求。要為自己創造一個美好的將來，我們要曉得裝備和積累自己的資源。曉得在茫茫資訊的大海，搜索到有用的資訊，增強自己某方面的知識庫是第一步；第二步是要有專注力，因為這世界太多吸引我們的東西，無法專注去追尋一樣東西，很難在該領域成為一個有能力和見地的人。霍德華嘉納提出，我們要有專業的思考就是這個意思，在特定的學科領域，掌握一種專業的思考方式，需要我們專注在某一方面的學習，甚至超於一般人的學習程度（over-learn），才能讓人看到你不可取代的地方。而獨處力不但有助培養專注，它是一個內程（inward journey），將上天給你的獨特才幹和所學的知識，作創意的整合。這也是我們接着要討論的，如何找到自己的定位、夢想和不怕逆境而堅毅達致成功的先決條件。

# 獨處力 Solitude

困境

· 兼顧太多任務
· 工作效率低
· 一日千條短訊
· 無法認識自己
· 煩躁、情緒低落
· 感到寂寞

**鍛煉獨處力** → **好處**

- 學習獨處
- 認識自己
- 克制慾望

- 引發創意
- 培育親密
- 有助思考
- 心境平靜
- 積蓄智慧

## 鍛煉獨處力

### 1. 獨處

- 撥一些時間，不帶電腦、手機，到市集、大自然走走。
- 把你的臥室設定為不准上網區域。
- 能區分有用和垃圾資訊之間的分別。
- 當你要發短訊或在 Facebook 分享時，想想若你收到這項資訊，會從中得到好處嗎？否則就不要發出去了。
- 刪除手機內一些使你心癢癢，無時不用的應用程式。

### 2. 練習

機不離手已經是年輕人生活的一部分。也許我們都試過手機無電或遺失手機，頓感萬般不舒服和煩躁。這是因為我們過分倚賴手機，失去之後，就像上癮者要斷癮一樣的感覺。不過，過了一段時間，我們卻會發現，失去它以後能騰出不少空間，觀察周遭環境和察看自己內心世界。

以下是一位少年人沒帶手機後的新發現：「等車時，我平常都會玩一下手機遊戲，時間很快就過去，沒有電話我只好觀察一下周圍的事物。這才首次發現原來旁邊的學校就是我就讀的小學，籃球場已經擴建了。巴士到達了，還記得我小時候最喜歡坐在樓上前排，可以看窗外的風景；但最近因為只顧玩手機，忘了這個極佳的娛樂。現在從高處看不同的事物，感覺總是特別的，可以清楚看到街上的情況。回家途中我反思自己以往的生活態度，究竟是正確的嗎？只一味沉醉於電話的方便、快捷，卻忘記了很多生活的細節。世間上有很多美妙的事情，可能因為你在街上低下了頭，就從此與你無緣，這樣不是反被電話控制了嗎？」

要操練獨處，我們可以嘗試每天關掉手機半小時，然後遞增時間，觀察自己在沒有手機時的心靈狀況。

可以帶一本記事簿，將經歷寫下，當作一次自我對話的機會。這也是操練獨處的一個好嘗試。

# 改寫你的未來：幻變世代中鎖定方向

# 定位力 Voice：

# 聆聽自己的聲音

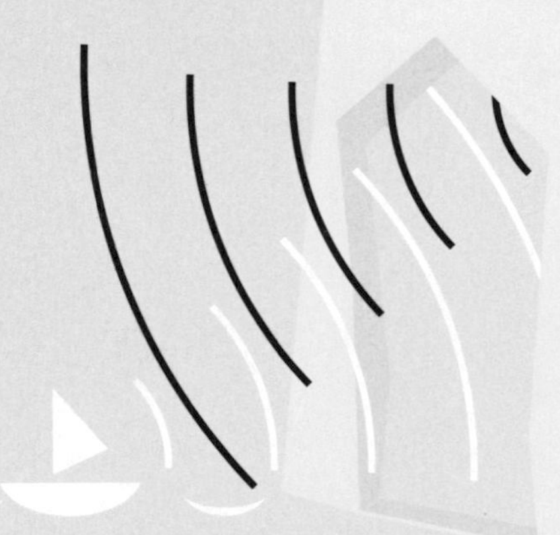

## 無法穩定的時代

2002 年，美國的勞動人口統計報告指出，若一個人自 16 歲出來工作，到了 36 歲，平均轉工達 9.6 次。依平均兩年轉工一次的走勢來說，要為自己找一份終生職業的想法，在這個時代，似乎是一個神話多於是事實。

有人認為傳統的職業輔導依個人的性格、能力、學歷等因素，在職業市場找配對的做法已不合時宜，原因是個人與市場是兩個不斷在轉動的目標；在這種流動的互動下，求職人士很容易感到焦慮，不單個人在變，市場的變數更大，意思是我們要有心理準備，在自己的工作生涯中，會有不少轉變。

外面愈是多變，我們就愈需要為自己找到一個定點。

## 尋找個人定位

我們要在變動的處境找到自己的位置，就要成為一個自我導航者。

成為一個成功的導航者，要具備幾個重要的條件：第一，他要知道自己的需要，想去哪裏，自己的能力是否能勝任；第二，他對身處的環境要有所認識，配備由身處之地到達目的地所需的裝備；第三，過程中或有高高低低的經歷，即使在錯誤中摸索前行卻不放棄，最終能完成自己的目標。

要做到這三項，必須找到自己的聲音和能令自己忘我的召命。

找到自己的聲音，是管理學大師史蒂芬柯維（Stephen Covey），在他的著作《第八個習慣》（*The 8th Habit*）提出的。書中提供了一個核心圖表。

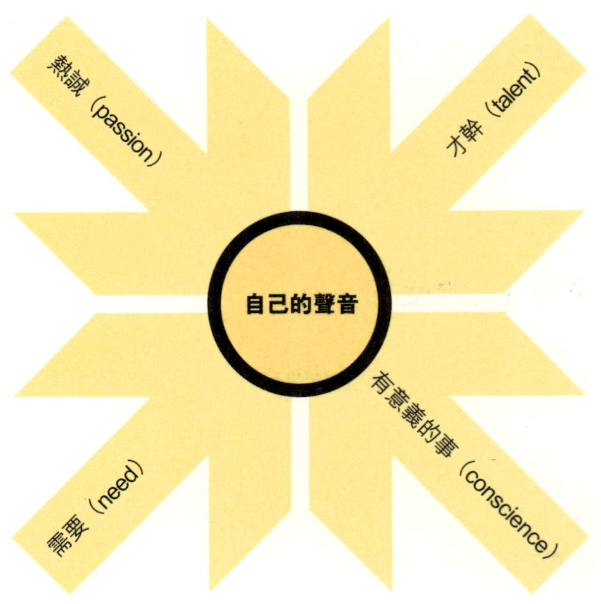

柯維認為，人生在世，最重要的是找到自己的聲音。當人能運用自己的才幹，對自己所作的有熱誠，並且能回應外面世界迫切的需要，而你內心也有信念，確認這是對和有意義的事。那個交匯處，就是你的心聲、你的召喚、你的靈魂密碼。那麼，這個人就算是找到自己的聲音。

無論男女老少富貧，每個人都要在兩條路中抉擇：一是通往平庸、寬廣而易行的大路，這路是生活中的捷徑和權宜之計。另一條則是通往卓越和意義的道路，這條路可以釋放人類的潛能，在現實中展現，是一個由內而外、逐漸成長的過程。

每個人的內心深處都有一種渴望，就是活得卓越而有所貢獻，過着真正重要、有所作為的生活。柯維相信，每個人都能下定決心放棄平庸，活出卓越。每個人都擁有決定過卓越生活的力量，無論在通往平庸的路上走了多遠，我們都可以選擇轉換跑道，永不嫌晚。故此對於柯維來說，找到自己的聲音是一個能產生這種天壤之別的抉擇。

## 換跑道

我在神學研究院內工作，進研究院進修的同學大多數已工作了一段時間，再進修是他們選擇第二行業（second career）的結果。

在學院認識一位滿有活力的女生。入學前她是一名中學老師，熱愛學生和教學的工作。她個性活潑，平易近人，熱心關懷身邊的人，過往的工作經驗證實，她對青少年具有感染力，教學時善用課堂的互動，是十分受學生歡迎的好老師。她具才幹、有熱誠，符合現今世界的迫切需要。

從這三方面來說，她大可以繼續教學的工作。她是一位基督徒，感到內心有一種召喚，很想藉《聖經》和個人信仰，服務一些比較貧乏和弱勢的年輕人。於是她便入讀神學院裝備自己，加深對《聖經》的認識，也藉學院的生活和學習，讓自己的生命更成熟和成長，實踐她「生命影響生命」的信念。

聽她的分享後，我為她找到自己的聲音而高興，相信一旦她找到了內在的聲音，就能擴展影響力、增加貢獻，也能激勵他人尋找他們的聲音。而「激勵」（inspire）一詞的意思正是「把生命注入他者」。

## 擺脫沉悶

以下我會從才幹、需要、有意義的事、有熱誠四方面，闡釋探索尋找自己聲音的過程和細節。其中我以較多篇幅陳述才幹與忘我的關連：

研究沉悶的專家 Cynthia Fisher 為沉悶下了一個定義。沉悶是一種不快、短暫的情緒狀態，當事人對面前的工作任務缺乏興趣，並難於集中精神。沉悶與忘我是剛剛相反的兩種狀態。

忘我由正向心理學家米哈里奇森特米海依（Mihaly Csikszentmihalyi）提出，指一個人完全沉浸於他投身的活動的心理狀態。忘我的時候，人會感覺充滿活力和焦點，充分參與其中，並取得成功感。這一概念已被廣泛引用到職業的領域。能創造忘我的經驗，正是面對沉悶的最佳方法。

我們可以用工作任務所需面對的挑戰高低，以及當事人的技巧能力高低來理解這兩種不同的狀況。

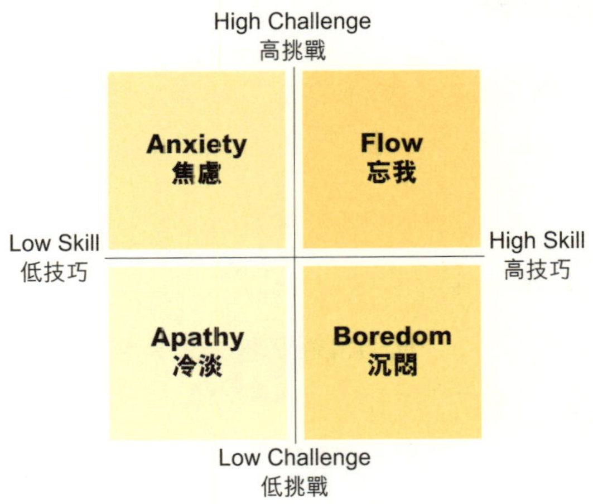


- 當事人的技巧能力高，但工作任務所需面對的挑戰偏低，便容易出現沉悶；
- 當事人的技巧能力低，但工作任務所需面對的挑戰偏高，便容易出現焦慮；
- 當事人的技巧能力低，而工作任務所需面對的挑戰亦偏低，便容易出現冷淡；
- 忘我是工作任務所需面對的挑戰，如與當事人的技巧能力相若，能幫助他進入這種叫人暢快的狀態。

其實，每個人的才幹都不同，現代心理學的研究也強調，人有多元智能（multiple intelligence），我們不應強迫自己發展並非自己強項的才能；反而要找一些善用個人才幹的機會，達致忘我狀態。

奇克森特米海依提出進入忘我的條件如下：

- 當前的任務具挑戰性；
- 能使人集中精神；
- 有明確清楚的目標；
- 能取得即時的回應；
- 有一種深入而不花氣力的參與；
- 有充分的掌握；
- 時間像靜止一般。

你若細心分析這些忘我的條件，不難發現這與一些你參與的任務有關，雖然我們討論時談工作上的忘我居多，但忘我不應局限於工作之內。很多人在工作中找不到樂趣，會發展一些個人興趣，這些興趣都能引領我們進入忘我的狀態。例如，畫畫、夾 band、跳舞等。不過，因為工作佔據我們不少時間，我們若能在工作時間經常出現忘我的情況，豈不是更加理想嗎？

不過以上提到有關忘我的條件中，並未清楚指出，當我們可以運用自己的強項時，忘我也會較容易出現。

## 運用才幹帶來忘我的快樂

忘我最容易出現的時候，是當你運用強項的時候。雖然每個人都有強項，但我們卻常常專注於自己的弱點。我們總試圖找出並解決自己的弱點和問題。雖然這是令人欽佩的嘗試，但我們能改進的地方不太多，如果你花太多時間致力改善你的弱點，結果可能是徒勞的。

專注於強項是一個相對較新的概念，你可能沒有聽説過的。研究表明，使用你的個人強項，可以增進你的健康、幸福和成功感。正向心理學的研究發現，集中你的精力於運用個人強項，比改善弱點更有成效。這並不是説你不應該設法改善你的弱點，只是大部分的精力，應該用於增進你的強項。

## 社會的需求與偶發的不確定性

柯維提到，尋找自己的聲音時，最難掌握的是社會的需求。不過，我們也不用太擔心，儘管抱一個開放的態度，多接觸不同的事物和經驗，或者在碰碰撞撞的過程中，你會發現一個意想不到的機會。

史丹福大學（Stanford University）的職業專家克倫伯特茲（John Krumboltz），發展了一套職業理論，稱為「計劃性巧合理論」（Planned Happenstance）。他認為人能夠達到目前所在的地位、擁有目前的能力，大多不是靠設定目標來達成，而是由於許多未曾預期的偶然與巧合，才逐漸形塑、達到現在的成果。在一個不斷變化的事業市場，我們對自己的生活只有有限的控制權，事實上不少無法預測的社會因素和偶發事件，會影響我們職業的選擇。克倫伯特茲複述，他決定成為心理學家，是他在大學選科的時候。他請教無門，而當時教他打網球的業餘教練，也是大學的心理學教授；當克倫伯特茲向他徵詢選科意見時，這位教練不加思索就鼓勵他選修心理學，他會成為心理學家完全是一個偶然。

克倫伯特茲的職業理論核心，強調一些不確定的社會因素和偶發事件（chance event），往往影響一個人生命的種種決定。我們要鼓勵那些面對職業抉擇的人，善用這些偶發事件。例如我們要有好奇心探索不同的學習機會、要有持久力去克服一些障礙、要有相當的彈性和柔軟度面對環境中的變數；即使已經下定決心要做某事，一旦環境與狀況有所變動，也能夠隨之改變，讓自己的行為有變化的彈性。我們也要懷着樂觀的態度來看待偶發事件，使之成為你最大的幫助。

我回想自己當心理輔導員也是一連串偶發事件所引發的。我中學期間夢想是當醫生，所以念理科和生物學。但高考的成績未及入讀醫科，便退而求其次，選了職業治療。當時只當它是輔助醫療，完全不知道這行業的內情。在學期間才知道要讀精神病學和心理學的，這些科目引發我濃厚的興趣，在學科要求以外，我讀了不少心理學相關的書，對人性和人的故事十分感興趣。這些經歷使我進深追求事業的理想，也是我畢業後再進修心理輔導的原因。

我視不能讀醫為一宗偶發事件，從中找到適合自己的學習興趣和方向，這一個考不進醫科的挫敗經歷，卻成為我事業的轉捩點。在這個精神壓力大和人際疏離的社會，當心理輔導員亦是很重要的一個專業呢！

## 尋找自己的熱誠

沒有熱誠就像一部車沒有燃油一樣，沒有動力，心中沒有火。找到自己熱誠所在的人，願意為自己的熱誠、夢想犧牲也在所不惜，例如，不少人放下高薪厚職，為了做自己認為有意義的事情。然而，考慮自己有否熱誠的時候，先不要從經濟角度入手。若你對一件事懷有熱誠，它又能給你豐厚的經濟收入，這當然是最理想；只是不少我們滿有熱情的事，未必給人很高的經濟回報，不過也值得我們投入。

如果你問身邊的朋友，很多人都會答自己沒有熱誠的。熱誠一部分來自對自己的認識，例如你的興趣、才幹所在，往往能指向你的熱誠所在。但熱誠有部分是你創造出來的，你對一項未出現的東西或任務很有負擔，看到它的意義，便要投身作先行者，例如近年，一些有心人希望透過發展社企來幫助一些弱勢社羣，藉此找到自己貢獻社會的位置。

熱誠除了指向一個職業、興趣外，它也可以指向一個羣體，羣體也可以成為你投放熱情的對象。

## 熱誠有迹可尋

若你仍未找到自己的熱誠所在，可以給自己多一些嘗試新事物的機會，多參加一些興趣班、離開自己的安舒區，試一些你以前不敢試的事物，到外地旅遊，擴闊自己的視野等，都是尋找熱誠的好方法。

或者我們會被要尋找那「終極熱誠」(ultimate passion) 所嚇怕，好像一定要找到，找錯了或找不到就枉過一生。其實你要先問自己，什麼是你關懷的，然後就朝着這個方向去找吧！

路會愈行愈清晰的。

我十分喜歡正向心理學提出，尋找自己夢想的時候，意義的重要，這也是柯維的最後一個向度：確認這是對的和有意義的事。

我們不單要運用自己的強項，在過程中感到快樂，我們所做的事情還要有意義。意義是一個價值選取，而價值觀會受我們的宗教信仰、人生哲學所影響。除了意義，柯維還提出，要做一個不會違背自己良心的決定。我們所做的不單要於心無愧，而且更要想想能否為這世界，為這個地球村作一些貢獻，這也是我們這個世界公民的責任呢！

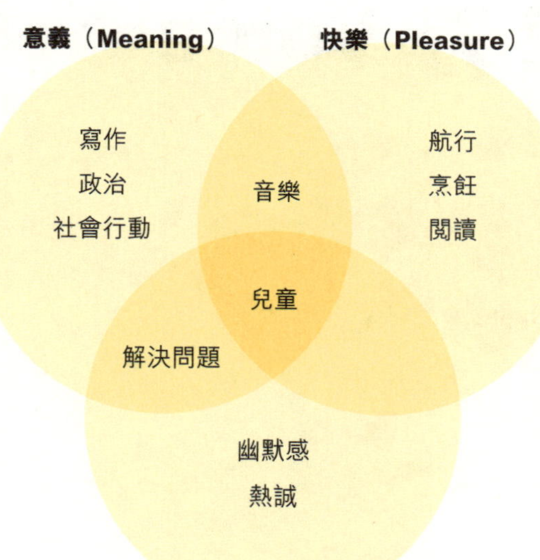


你可以試繪出上述屬於你的圖表。尋到自己的聲音需要一段過程，但這過程值得你花時間，找到了，你就能自我導航。

# 定位力 Voice

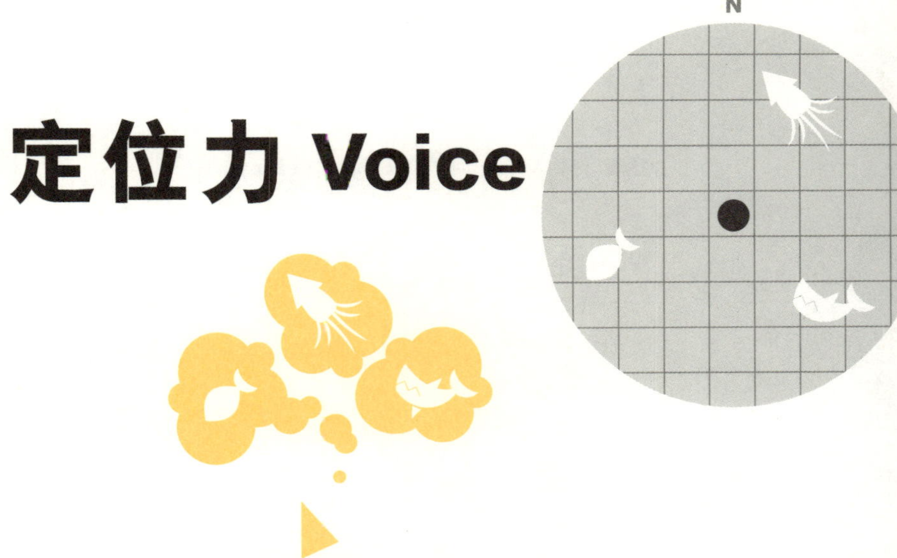


困境

· 不 知 要 進 修 還 是 要 working holiday ?
· 不知什麼工作能投入？
· 不知怎樣使生活愉快？

**鍛煉定位力** → **忘我／快樂**

尋找你的聲音：

- 才幹：個人才能
- 熱誠：認識自己
- 需要：社會需求
- 信念：價值選取

- 除去焦慮
- 除去冷淡
- 除去沉悶
- 找到人生方向

## 鍛煉定位力

### 1. 尋找你的強項

你怎知道自己的強項？這裏有一些建議：

- 與你信任的人傾談，對你了解自己的強項可能會有幫助。這些人可能是你的家庭成員、朋友、老師或輔導員。他們可能已經注意到一些你還未發現的強項。

- 人經常稱讚你什麼？有什麼特定的領域是人們總是讚美你？嘗試回想這些東西是什麼，這可能意味着這是你的強項所在。

- 哪些方面最值得你引以為傲？有什麼東西令你感到自豪，這可能意味着這是你強處所在。

- 什麼技能你很容易學會？如果你已經有一些東西很容易學會，它很大機會就是你的強項。

- 什麼時候你感到最能活出自己？這也可能讓你了解你擅長什麼，有什麼使你快樂。

## 2. 尋找你的熱誠

網上有一些助人尋找熱情的測驗，我建議不妨一試：

http://www.thepassiontest.com

你先選 15 項你的熱誠領域，然後網站會替你慢慢篩選，最後你會找到五項最有熱誠所在的領域。

# 抗逆力 Resilience：
# 從低谷中反彈

## 不可或缺的生存素質

不時在報章讀到一些年輕人以跳樓、跳軌或者燒炭了結生命，有人認為這一代的年輕人心靈脆弱，經不起打擊，不少人更慨歎香港的青少年抗逆能力低。原因可能是現今的青少年成長於較佳的經濟環境下，家庭子女人數又維持「一個起，兩個止」，孩童得到父母較多的照顧和寵愛；少捱苦或勞碌，也甚少遇到考驗。加上這一代父母事事為子女出頭，幫他排難解困，而被稱為「怪獸家長」和「直升機家長」，致使子女抗逆能力較低，遇到挫折時不懂如何處理。

上文提過現今已難以追求穩定，活在流動的世界，環境有很多變數，我們實在不容易掌握；難免有日因各種改變，隨時掉進逆境之中，經歷人生的低谷。所以，學習面對逆境，安然走過人生低谷，是年輕人需要掌握的求生技巧。再進一步，既然逆境是常態，是必然發生的事，我們若能從低谷中有所學習，那就更好不過。

## 在低谷中上課

最近在電視看到一個道地香港冰室的故事。Sandy 曾當高級髮型師，因着愛情移民他國，最後卻被愛人、朋友出責，經歷情傷。在人生低谷的時候，已屆中年的她回到香港，在父親留下來的冰室工作。她的哥哥同樣經歷事業和婚姻失敗，兩兄妹在冰室互相支持，一同渡過人生的低谷。

Sandy埋首冰室的廚房，透過做包點蛋糕來療傷。經過一段時間，竟然創作出不少新奇可愛的蛋糕和曲奇餅，受到街坊的讚賞。兩兄妹齊心努力，為父親留下的冰室再創業務的高峰。

她感情和事業似乎都走到低谷，沒想過冰室的廚房成為她重新振作、重新出發的地方。她平素的衣着和打扮，已不像昔日當高級髮型師時的花枝招展。那又何妨呢？現在她找到工作、家庭和生活的快樂，這就是她人生的另一個高峰。

暢銷書《誰搬走了我的乳酪？》（*Who Moved My Cheese?*）的作者史賓賽強森（Spencer Johnson），在另一名著《峰與谷》（*Peaks and Valleys*），對於「低谷」提出很多啟發性的意見。

故事講述一個住在山谷的年輕人，在工作上感到失意和沮喪，毅然踏上高山，希望尋找出路。他在山上遇到一位很有智慧的老人家，和他談了許多人生道理，特別是有關高峰和低谷的分析和解說。

老人家說：「低谷與高峰，本來就是相連的。你今天在順境時犯的錯誤，造成明日的逆境；而你在逆境時展現的智慧，又為你打造了明天的風光。」簡單來說：「高峰是為了感激生命，低谷是為了學習生活。」作者更用心電圖來形容人生高低的必然性，試想，一條無起伏的直線心電圖，哪有生命氣息可言？

## 人生只向低谷走？

追求高峰的經歷是我們每個人的渴望。不過人生走了一段時間，彷彿很多事情都力不從心，身體健康也有走下坡的迹象。而且，一個人的成敗會受到不同的際遇、時機所影響，有時會覺得自己的黃金時代已過，所以不少人在人生的過渡期間會出現情緒低落的情況。對不少人來說，人生只是一路步向低谷，不相信有機會走向另一個高峰。

我想，若以史賓賽強森的角度來看，人生總有大大小小的高峰和低谷。那是一個無數的循環，而不是一條鐘形(bell shape)的路線。我們能夠做的，是抱持積極和正面的態度來看人生的低谷。沒錯，我們的體力幹勁隨年齡而每況愈下；但同時我們也會愈來愈知道自己的限制，累積處事智慧，知道如何選取，這只是一個此消（體力、幹勁）彼長（智慧、老練）的過程而已，並非全面步向衰亡。

從人生際遇和成敗來說，強森給我們的提議很簡單，要是我們發現什麼導致我們掉入低谷的，便不要重蹈覆轍；一旦跌入了，就要在其中發掘一些隱藏的好處（uncover the good that is hidden in a bad time），成為我們學習的功課。我們愈快學到所需要學的功課，就能愈快離開谷底。這也是我的觀察，當我請神學院的同學畫他們人生的生命線時，要求他們捕捉人生的高峰和低谷所在，然後我總喜歡問他們，什麼時候成長得最快最多，大多數人都會發現，低谷是他們成長得最快最多的時候。

## 抗逆力三元素

從低谷中反彈的能力，學術上稱之為抗逆力（resilience）。我在突破機構工作期間，曾經參與教統局推動的校本計劃「成長的天空」，目的就是建立學生的抗逆力。經過不少理論的探索，我們採納了一個抗逆力素質的模式，簡稱為 CBO 的概念。這三個元素就是：

- C── 效能感（personal competence）：主要包括社會能力、問題解決能力、自省及自主能力。社會能力指人際反應性、適應不同文化的靈活性、明白他人感受、幽默感及溝通能力。問題解決能力指，懂得運用資源及尋求幫助、計劃能力、創造性和批判的能力。自主性指一種自我獨立行動、內控，及對外在環境的掌握和控制能力。

- B── 歸屬感（sense of belongingness）：建基於照顧、支持的關係、積極的高期望和積極參與的機會。

- O── 樂觀感（optimism）：相信未來是光明的、有盼望的。樂觀態度與目標感有一定的關係，包括計劃未來、訂立目標、成長學習、動機及堅持性。

## 累積成功經歷

效能感的培養跟下一章的堅毅力是相關的。一個人透過學習、操練和重複使用一些生活技能，如情緒管理和解難步驟等，都能建立自己的效能感。當他努力學習和掌握之後，就會認定：「I am OK」，相信自己是一個有效能的人。

堅毅力對建立個人能力起着決定性的影響，如果我們缺乏堅毅力，就會容易放棄，沒法累積成就或成功的經歷，肯定自己的效能感。關於這一點，在下一章再詳細討論。

## 投入羣體

個人的歸屬感，指我們的身邊人。青年人應該至少有一位關心照顧自己的家庭成員，能教導積極態度，也能理解、支持及幫助。在家庭以外，老師是最常接觸的榜樣，師生關係不只是知識的傳遞，老師更是學生積極、自信人格的榜樣。

除了師長和家人的支持之外，年輕人最大的需要是朋輩的接納和認同。無論在學校讀書或出來工作，我們若要在身處的環境得到支持，就要建立友情、跟身邊的羣體有積極的參與和互動。

此外，歸屬感也可以是指一個人願意投入一個羣體，便感覺自己屬於這羣體，並且接受羣體的價值與象徵。我在《品味寂寞》一書，曾提及如何增強我們在羣體的意識和歸屬感，包括了四方面的建議：

- 選擇一個與你價值觀相近的羣體最為重要。羣體共有的象徵體系是它價值所在，若你對其核心價值缺乏認同，較難感到自己是當中的一份子。

- 選定了羣體之後，我們要主動積極投入羣體生活，有付出才能夠有收穫。

- 在個人和羣體的需要中取得平衡，有時候為了羣體的凝聚力，我們要放下自己某些個人需要；但這情況不能太久或單方面讓步太多，個人和羣體之間的滿足要如何整合，則需要雙方作出妥協。

- 勇於在羣體面對挑戰的時候投入參與。我們對一處地方或一間機構有感情，是因為與這裏的人有一段共同的歷史，不論是一同見證歷史或在歷史中有重要參與。若沒有一段共同分享的歷史，地方只會人去樓空，我想就像舊同學、舊同事重聚所發揮的回味作用，因為大家曾在同一時空下有一段共同分享的歷史。

我們的羣體相處之道，亦是這本書第三部分的內容。我們若能掌握多種語言、在人際互動中懂得進退，並樂於施予，我們自然會擁有良好的人際關係，從人際關係中得到情感的支援。這方面在第三部分再詳談。

## 學習樂觀

在三個抗逆的元素之中，樂觀感在這章會進深討論。在樂觀感的概念下，有三項解釋逆境的取向，可以幫助我們進一步了解何謂樂觀感。

馬丁沙利文（Martin Seligman）是樂觀感的權威。沙利文在其著作《學習樂觀．樂觀學習》（*Learned Optimism*）一書中強調，我們可以將當前的逆境視為暫時而不是長遠（temporary vs permanent），是個別而不是普遍（specific vs global），是外在而不是內在（external vs internal），就能較樂觀、正面地面對。

不少研究都強調，人生哲學、信念和價值觀是抗逆力的重要元素。因為人對未來是否充滿希望，會受其人生信念影響，如果人懷有一套正面理解逆境的思想方式，就不會輕易被逆境擊倒或改變。

在一次夫婦聚會中，參加者談論夫婦性格上的差異如何豐富彼此的生命。有一位丈夫稱讚自己的太太，他自知是一個多從負面方向思考的人，所以容易落入憂慮和不快樂的心情之中。他的太太剛剛相反，凡事都從正面的方向想，丈夫把煩惱告訴了她，她總能從中看到一些正面的角度；丈夫慢慢受太太樂觀的思想態度影響，人也比以前快樂。

這也是我們很易經歷的事情，同一件事，不同的人可以有不同的想法。有一個經典廣告，描述一羣男孩子準備踢球時，大雨就降下來。一個男孩子感到掃興，另一個卻說明天再踢吧，他相信希望在明天，然後一起享受當下被大雨打在身上的暢快。快樂是一個轉念，換了一個樂觀的角度來看事情，心情也隨之而輕快起來。

談起樂觀感，最經典的是半杯水的故事。

如果你在沙漠中快渴死了！好不容易上帝給你一杯滿滿的水，你不小心手一軟，杯子掉下去，你急忙撿起來，救回半杯水，你會怎麼辦？

「啊！感謝上帝啊！我還有半杯水！」還是說「糟糕！只剩下半杯水！」

同樣是半杯水，絕望的人總是看見失去的部分，樂觀的人永遠為剩下的部分感恩。

在好壞參半的情況下，選擇看好的一面，是快樂的人的心態。你是一個樂觀的人嗎？

最近在學院跟幾位同學吃飯聊天，談到一本教牧輔導書的生活應用，是一項有關換角度看事情的輔導技巧。這位男生對這技巧很感興趣，於日常生活學以致用。他正為兒子報讀小一的問題煩惱，選讀了一間心儀的學校，可是上學路程比較遠，早上六時許就要送兒子上校車，他和家人將要減少睡眠的時間，但他樂觀地換一個角度來看，相信兒子可以藉此養成早睡早起的生活習慣，做個有紀律的人，就不怕成為「港孩」了。他跟太太更可以把握早起的時間共晉早餐。太太似乎對他的新角度也很受落呢！

記着，快樂是你看事物的一種樂觀取態。

## 從悲觀走向樂觀

在神學院認識一位女生，她入學時我也有份為她面試，當時已看出她有一些枯竭的表現。她之前在一個志願團體工作，似乎遇到很多不愉快的事，坦言入學院是給自己一個休養生息的機會。她自認是一個悲觀的人，很容易受負面思想控制，情緒低落或感壓力大。特別是當壓力來襲，她的身體就會出現濕疹，這是她承受不了壓力的實證。

最近聽她分享一個對抗自己負面思想的故事。她不想自己老受負面思想困擾，定意要以正面的思想過生活。

臨近學期完結，功課壓力很大，她學習盡力在生活經驗中，尋找一些愉快和正面的經歷。當負面情緒出現，她會挑戰自己，這些思想有否事實根據。當中有沒有值得感恩的事情，她也會藉禱告向神傾訴，讓神挑戰她的負面思想。她這種正向的轉變，不單令她心情好轉，臉上的笑容多了，濕疹也消退，整個人都得到改善。

最近她家人患病，母親十分擔心，整個家庭被愁雲慘霧籠罩。她以正向的轉變，為家人注入盼望。她不再像以往一般被動，而是主動關心患病的家人。她亦安慰母親，鼓勵母親多從正面的方向想，與她一起祈禱，將憂慮交託。她正面的轉變為家庭帶來祝福。聽她的分享，令我對正向思想的力量更有信心。

從她的轉變，我看到正向思想、樂觀感和盼望對我們產生很多積極作用，一個轉念，就改變了自己身體的毛病，甚至影響身邊的親人。

即使能在多變世界中自我導航，要是一天撞到冰山，或遇上幽谷，請你也要以樂觀和盼望，幫助自己衝開困境，勇敢上路。

# 抗逆力 Resilience

困境

· 低谷
· 沮喪
· 低沉
· 幽悶

**鍛煉抗逆力** → **面對低谷的樂觀感**

- 效能感：累積成功經驗
- 歸屬感：投入羣體
- 樂觀感：轉念

- 這是暫時而不是長遠
- 這是個別而不是普遍
- 這是外在而不是內在

## 鍛煉抗逆力：樂觀感習作

### 1. 尋找開啟的門

人生路上，難免遇上不如意的事情：失去你深愛的人或物件、一個你未能如願的夢想，或給人拒絕。試回想三道被關上的門，再試找出另外三道新開啟的門。

### 2. 轉念

先閱讀以下故事：

*一位國王與宰相正在商議事情，適逢天下大雨，國王問：「宰相啊！你說下雨是好事壞事啊？」*

*宰相說：「好事！陛下正好可微服私訪。」*

*又有一天，天下大旱，國王又問：「宰相啊！你說大旱是好事壞事啊？」*

*宰相說：「好事！陛下正好可微服私訪。」*

*又有一天，國王吃水果時不小心切掉了小拇指，又問：「宰相啊，你說這是好事壞事啊？」*

*宰相說：「好事！」*

*於是，國王大怒，將宰相關入地牢，自己獨自去打獵了，不料誤觸土人陷阱被捉，幸好因為不是全人（缺手指），免去被吃掉的厄運。*

*死裏逃生的國王，回想起宰相的好，趕緊回宮將宰相從地牢裏釋放出來，又問宰相：「我把你關在地牢裏好不好啊？」*

*宰相又答：「好！好極了！要不是陛下將微臣關在地牢，微臣恐怕就陪陛下打獵被捉，被土人吃掉了！」*

思考問題：假若你是被囚的宰相，你如何運用沙利文對樂觀感的三個向度，理解你當前被囚的逆境？如何在未知道將來結局的情況下，仍抱樂觀的心態？

- 對個人衝擊幅度的理解；

- 有關責任誰屬或有關歸因的理解；

- 有關逆境要持續多久的理解。

你生命中會否有一些難以處理的問題？會否學像樂觀的宰相一般，以輕省的心來面對？

# 堅毅力 Grit：
## 走向終點的裝備

## 屢遭拒絕的人

阿里巴巴創辦人馬雲，如今貴為市值 2,600 億美元公司的老闆，我們都羨慕他的成功，但有否想過他在過程中遇過幾多艱辛？

最近他在達沃斯論壇上表示要習慣遭拒絕。他說曾經 10 次申請哈佛大學都遭拒絕。在訪問中他更說：「我大學考了三次，找工作被拒絕了 30 次，我去應聘警察，人家說我不行。KFC 進軍中國來到杭州時，24 個應聘者錄用了 23 人，我是剩下那一個。哈！」

他亦試過多次創業失敗，阿里巴巴的成功是經過無數個營商的考驗，更要過五關斬六將後才達到的。聞說電影人物阿甘（Forrest Gump）是馬雲心目中的英雄，要是看過那套電影，一定記得阿甘那種「傻人有傻福」的特質。阿甘自強不息，抱持一份單純耿直的性格，不認輸，努力堅持，這些也是馬雲成功的秘訣。

## 成功方程式

作為人生的自我導航者，當我們找到一個自己可以傾注熱情的方向之後，就要付上最大的努力，在這方向上探索、學習，並精通當中的成功秘訣。我們能否做出點成績，很大程度取決於我們是否具備堅毅力。

有一些人以為，若果我聰明一點、IQ 高一點，就可以在自己的事業上成功。當我們聽到一些偉大的科學家如愛迪生、音樂家莫扎特、文學家莎士比亞的故事，都會羨慕他們何等天才橫溢，天資聰穎。但心理學家的研究告訴我們，真正的天才是 IQ 加上堅毅力。

正向心理學家馬丁沙利文，為成功寫下一條方程式：

能力 + 努力 = 成就（Skill + Effort = Achievement）

他認為一個有成就的人建基於四個因素：

## 1. 速度

速度指我們對某一項事情能否很快取得相關的資訊，並迅速掌握該種技術。要做到這點，我想很大程度上與你的興趣和才幹有關，例如，不少人都夢想成為音樂家，但未必每個人都具有很高的音樂天分。有人可以一兩年間就考得鋼琴八級試，天分不高的則要花上七、八年時間。所以找到自己的強項，並在事業上發展是相當重要的。做手到拿來的事總比蝸牛上樹有利。

## 2. 全神貫注

當我們全神貫注在某項任務上，才有空間檢視自己過去的經驗、計劃，作出審查和檢討，並以創意改善做事的方法、策略，甚或可以有創新的可能。要達到全神貫注，我們需要慢下來，透過慢行、慢食和自我察覺的練習，才能掌握這種既全情投入，又能退一步反思的能力。

## 3. 學習能力

在資訊科技不斷進步的年代，終身學習在職場上成為重要條件。我們的學位只是某個行業的入場券，入場後才是學習的開始，你學習的速度快，就能捷足先登。舉我寫輔導書為例。我很喜歡看書和研究，每接觸一個新的課題，都會孜孜不倦地吸收、消化相關知識。因為速度快的緣故，往往能在別人未察覺的時候，早着先機，率先在香港出版這課題的書籍，算是搶佔了市場上的位置。例如在 2009 年出版的《快樂軌迹》，算是香港書籍中最早以正向心理學談快樂的呢！

### 4. 努力

努力指你花在某工作任務上的時間有多少，著名現象研究作家葛拉威爾（Malcolm Gladwell）在《決斷 2 秒間》（*Blink: The Power of Thinking Without Thinking*）一書中，記述了一個故事。一羣博物館專家花了 14 個月，仔細研究一具大理石雕像，要找出雕像是否公元前 6 世紀的出土文物。專家用了種種科學鑑證，證實了雕像非贋品，決定斥巨資購買。雕像展出期間，一位藝術史專家、兩位藝術博物館主任和一位考古學專家，只看了雕像一眼，便憑他們的「適應性無意識能力」，說出雕像並非真品。14 個月的精密研究，一下子給兩秒鐘的觀察比了下去，後來證實雕像確是贋品。原因很簡單，要在某行業有成就，你最少要在那專業上努力上 10 年、20 年，這些鍥而不捨的追求和努力，有助你在眨眼之間，像不加思考就能解決工作上的疑難。

## 堅毅地追求夢想

心理學家 Dr. Duckworth 研究才華對堅毅力的作用。她的研究顯示，區別出不同領域的星級表現者，並非看這些人的才華，而是視乎他們對野心和目標是否異常投入。她總結說，「如果能力中庸的人面對很大的挑戰，堅毅對他們的重要性只會更大，不會更小。」

電影《追夢赤子心》*(Rudy)*（1993）改編自 Daniel Ruettiger 的經歷，也是關於堅毅的經典傳說。Daniel Ruettiger（花名 Rudy）在 8、9 歲時，立志成為聖母大學美式足球校隊的一員。但是長大後，他考不上這所名校，因為他不是有錢人家的孩子，沒有優異的學業成績，更沒有標準美式足球員的壯碩體格。不但他的父親、兄長不看好他，連青梅竹馬的女友也離他而去。但夢想是自己的，毋須在意別人的眼光，也毋須向別人證明，你只需忠實面對自己內心的聲音，那種旋律會引發你內在的潛能。因為他一直堅持實現自己的夢想，最後如願考入聖母大學，更成為美式足球隊的一員。

Rudy 沒有標準身材，和其他球員站在一起，高度只及別人的肩膀。但是他拚戰的精神和認真練習的態度，鞭策着其他隊員，成了一種典範，以努力為自己生命創造奇蹟。他成功，不因為卓越的才華、成功的手腕或心計，而是純粹長期對目標的執著追求。他的故事之所以動人，正正因他缺乏遠大夢想所需的才華。

你能否在自己行業內成功呢？能否創一番事業？完成上天對你的召喚，你為這個世界所發的夢能否實現，就要看你有沒有堅毅力。

Dr. Duckworth 對堅毅力的定義中，準確指出堅毅力的特質：

「堅毅力是面對長遠目標時的熱情和毅力。堅毅力是有耐力的表現。堅毅力是日復一日依然對未來堅信不已，不只是這週、不只是這個月，而是年復一年。用心、努力工作來實現所堅信的那個未來。堅毅力是將生活看作是一場馬拉松，不是短跑。」

簡單來說，堅毅力包括三方面：

- 對一種興趣或目標的持續性，並非三分鐘熱度，是長年累月的追求；
- 堅持不懈的努力，付上時間和努力的表現；
- 對追求卓越的野心。

## 堅毅力的培養

Dr. Duckworth 在一場著名的 TED Talk 上，分享了一套訓練孩子堅毅力的模式：「關於鍛煉孩子們的堅毅力，到目前為止，我聽過最好的方法為『成長型思維模式』

（Growth Mindset）理論。這是史丹福大學的卡蘿杜維克（Carol Dweck）的研究成果。這個理論相信，學習能力不是一成不變的，它會藉着你的努力發生變化。杜維克博士已證明，當孩子們閱讀和學習大腦的相關知識，以及大腦在面對挑戰時會變化和成長，以致這些孩子在失敗時繼續堅持，他們不相信自己會永遠失敗。」

近代心理學及大腦神經科學都告訴我們，我們的大腦是相當有可塑性的，當我們努力學習和練習的時候，大腦的神經網絡會發展和重組。所以，我們可以説天才跟有天分的人，差別只在於他們有沒有努力練習。

她的介紹引發我對杜維克博士的成長型思維模式的興趣。她認為一個人的智商不是固定不變的，智商像肌肉，可以透過訓練而增加和成長。不少人以為自己的能力是用一個固定不變型的思維。這種思維的人認為天才是天生的，後天的努力不能改變多少；所以，他們會盡最大努力來維持自己的「成功」形象，不想被人看到自己失敗，遇到挫折容易情緒低落和失去鬥志。

而有成長型思維的人剛剛相反，他們認為透過努力，自己的智商和能力便得以發展、成長。所以，他們看失敗是一個訊號，只要另尋他法就可以解決當前的問題。他們不會在意個人形象，不會一定要給人看到自己了不起的一面。他們遇到挫折雖然也會情緒低落，但過一會，他們改善自己的鬥心又再重燃，能夠擁抱自己的失敗並從中有所學習和成長。還有，成長型思維的人看到別人成功，會視他們為努力的模範和鼓勵。反之，固定不變型思維的人看到別人成功，會感到受威脅和不快。

## 努力就好

杜維克博士的話，成為我教育兒女和學生的啟發，我們要多稱讚學生的努力，而不是稱讚他們的聰明。前者能鼓勵一個人繼續下工夫和努力，追求進步。稱讚別人如是，其實自我稱讚亦然。

回望自己在輔導、寫作和教學上的成果，不是因我聰明才智高人一等，我的成就歸功於自己的努力和勤力。以寫作為例，我至今已有 50 多本著作，不計對著作課題的研究時間，單是爬格子也需要在運用時間上有紀律，鍥而不捨地一個字一個字、一頁一頁的寫下去。很多人會稱讚你的成果，只有自己才知道付上的時間和毅力才是最大的功臣。

## 自我導航

要在多變世代中自我導航，定位力、抗逆力和堅毅力扮演着重要的角色。我們首先要認清自己要去的目的地，透過聆聽自己的聲音、發掘出自己夢想所在，我們就可以啟航了。抗逆力和堅毅力是相輔相成的，有了目標我們就要憑着堅毅力前進；不過，當中會遇到大大小小的困難和阻礙，這時要對抗逆境，從低谷中重新振作，才能堅持理想，奮鬥下去。再向前多走了幾步，也就愈接近我們的目的地，可能另一個困難又再出現，我們又要重新定位，再啟航。所以，定位力、抗逆力和堅毅力，將因應處境的變化，而重複、適時運用。

# 堅毅力 Grit

困境

· 沒有恆心
· 在專業內浮沉
· 與夢想擦身而過

**鍛煉堅毅力** → **結果**

- 持續一種興趣
- 堅持不懈努力
- 追求卓越的野心

- 解決難題
- 實現夢想
- 有成就

## 鍛煉堅毅力

以下是 Dr. Duckworth 設計的堅毅力問卷，若你的得分不高，又想成功的話，就要為自己訂下努力的目標，堅毅地花時間在這些目標和學習上。當你付上足夠的時間，成就必然在前方等待你。

說明：請回答以下 17 項。要說真話，沒有正確或錯誤的答案！

1. 我要做到世界上最好。
   - □ 非常像我
   - □ 很像我
   - □ 有點像我
   - □ 不太像我
   - □ 完全不像我

2. 我已經克服了挫折，征服一個重要的挑戰。
   - □ 非常像我
   - □ 很像我
   - □ 有點像我
   - □ 不太像我
   - □ 完全不像我

3. 新的思路和項目，有時會使我分散了以往的關注。

- ☐ 非常像我
- ☐ 很像我
- ☐ 有點像我
- ☐ 不太像我
- ☐ 完全不像我

4. 我雄心勃勃。

- ☐ 非常像我
- ☐ 很像我
- ☐ 有點像我
- ☐ 不太像我
- ☐ 完全不像我

5. 我的興趣每年也在改變。

- ☐ 非常像我
- ☐ 很像我
- ☐ 有點像我
- ☐ 不太像我
- ☐ 完全不像我

6. 挫折沒有打擊我。

- ☐ 非常像我
- ☐ 很像我
- ☐ 有點像我
- ☐ 不太像我
- ☐ 完全不像我

7. 我曾經短時間癡迷於某個想法或項目，但後來失去了興趣。

- ☐ 非常像我
- ☐ 很像我
- ☐ 有點像我
- ☐ 不太像我
- ☐ 完全不像我

8. 我是一個勤奮的人。

- ☐ 非常像我
- ☐ 很像我
- ☐ 有點像我
- ☐ 不太像我
- ☐ 完全不像我

9. 我常常設定一個目標，但後來選擇了追求另一個不同的。

- ☐ 非常像我
- ☐ 很像我
- ☐ 有點像我
- ☐ 不太像我
- ☐ 完全不像我

10. 對於一些需要幾個月才完成的項目，我感到難以維持我的集中力。

- ☐ 非常像我
- ☐ 很像我
- ☐ 有點像我
- ☐ 不太像我
- ☐ 完全不像我

11. 我會完成任何一件我要做的事。

- ☐ 非常像我
- ☐ 很像我
- ☐ 有點像我
- ☐ 不太像我
- ☐ 完全不像我

12. 實現持久而重要的事，是人生最高的目標。

- ☐ 非常像我
- ☐ 很像我
- ☐ 有點像我
- ☐ 不太像我
- ☐ 完全不像我

13. 我認為「成就」被高估了。

- ☐ 非常像我
- ☐ 很像我
- ☐ 有點像我
- ☐ 不太像我
- ☐ 完全不像我

14. 我實現過一個目標需要多年努力。

- ☐ 非常像我
- ☐ 很像我
- ☐ 有點像我
- ☐ 不太像我
- ☐ 完全不像我

15. 我被成功感推動。

- ☐ 非常像我
- ☐ 很像我
- ☐ 有點像我
- ☐ 不太像我
- ☐ 完全不像我

16. 每幾個月，我就會對新的追求感興趣。

- ☐ 非常像我
- ☐ 很像我
- ☐ 有點像我
- ☐ 不太像我
- ☐ 完全不像我

17. 我很勤奮。

- ☐ 非常像我
- ☐ 很像我
- ☐ 有點像我
- ☐ 不太像我
- ☐ 完全不像我

計分方法

問題 1，2，4，6，8，11，12，14，15，17，分數如下：

5　非常像我

4　很像我

3　有點像我

2　不太像我

1　完全不像我

問題 3，5，7，9，10，13 和 16，分數如下：

1　非常像我

2　很像我

3　有點像我

4　不太像我

5　完全不像我

堅毅力以項目 2，3，5，6，7，8，9，10，11，14，16 和 17 的平均得分計算。

興趣的一致性量表以項目 3，5，7，9，10 和 16 的平均得分計算。

堅持不懈的努力量表以項目 2，6，8，11，14 和 17 的平均得分計算。

野心由項目 1，4，12，13 和 15 的平均得分計算。

簡要的評分以項目 3，6，7，8，9，10，11 和 17 日的平均得分計算。

## 參考資料

*Duckworth, A.L., & Quinn, P.D.(2009). Development and Validation of the Short Grit Scale(Grit-S). Journal of Personality Assessment, 91:2, 166-174.*

*Duckworth, A.L., Peterson, C., Matthews, M.D., & Kelly, D.R.(2007). Grit: Perseverance and Passion for Long-Term Goals. Journal of Personality and Social Psychology, 92 (6), 1087-1101.*

# 改寫你的未來：

## 在流動時勢中
## 建設人際網絡

# 語言力
# Bilingual advantage：
## 擴闊你的世界

區穎珩

## 尷尬的旅客

你們曾否遇過「雞同鴨講」的經歷呢？記得日本旅行的時候，在一些旅遊區，因不懂日語，只好用英語及身體語言，手指着地圖向途人問路。一名日本女人非常落力地向我們解釋，可惜她不懂英語，我們只好盡力理解她的身體語言。可是，這種溝通一點也不奏效。即使簡單的溝通亦未能達到，怎談得上跟當地人作更深入的分享或交流，互相認識呢？

這種經歷不只在日本發生過，在巴黎也曾遇上類似的情況。據説，大部分法國人都不會説英語，他們只會説法文，更會藐視説英語的人。我試過向途人問路，他們雖然不是人們所説的高傲或不友善，但他們絕不會向你説英語，只會堅持説法語。對法國人而言，如果有人用英語向他詢問，他會感到冒犯，認為對方沒禮貌。因為以英語問路是假設對方會説英語，但他可能會覺得，為什麼他一定得説英語呢？

要是你先跟他們以法文問好："Bonjour, Parlez-vous anglais?" 或是 "Bonjour ! Can you speak English?" 這樣對方會感覺好一點。所以，我們要試試做個入鄉隨俗的旅客呢！

上述例子，正正反映出雙語的重要性。不少人因為只會説母語，弱削了與別人溝通的能力，壞處也不少。要是我們只懂一種語言，我們的知識、觀點、思維方式等等都會相對狹窄，局限了自己可接觸的事物，而無法跳出框框接觸更多元化的事物。

## 語言的威力

在現今社會，兩文三語已變成一種必需品。在大學念書，周遭有不少操普通話的同學及教授；在找工作時，招聘條件上總有「能操流利英語和粵語，能操普通話優先」等等字眼，在面試時亦少不免要以雙語甚至三語進行。因着更多與內地及外國的交流和合作，社會對我們的語言能力要求愈來愈高。要是不想機會在眼前流逝，就要好好增進自己的語言能力。

一種語言反映一個世界觀，能明白甚至運用別國的語言，就能發揮人際間的親和力。只懂母語的人，也許會將自己局限個別語言的小世界中，無法接觸更多姿多彩的大世界。

溝通的重要性應該無人不知，語言是人與人之間溝通的工具。隨着我們的生活環境變得愈來愈全球化，我們有很多機會與不同國家、文化和種族的人接觸交往。外語，因此也變成新時代的必須裝備。在這個地球村，我們與不同國家、文化和種族的人接觸交往，能操雙語是最低要求，若能三語並行，就能夠遊走於人際的互動中。

## 拿着翻譯機也要溝通

根據美國人口調查局的估計，截至 2014 年 12 月 6 日，全世界有 72.09 億人，其中説普通話的人口有 10.7 億，英語的有 5 億多，而廣東話的只有 1.2 億。由此可見説廣東話的人只佔了全球人口的很小部分，要是我們只能説母語，實在很不足夠。

現今的香港學生，有不少機會到外地作交流生，這是一個好機會，能夠接觸來自不同國家的人。當日本人、美國人、中國人、韓國人、芬蘭人、西班牙人、德國人等等聚首一堂，相信共通的語言必定是英語吧。在這羣人中，只有美國人的母語是英語，他們一定説得最流利。但對其他人來説，英語可能是他們的第二甚至第三外語。如果有個日本人，即使他的英語水平不算太高，只要手中拿着翻譯器，輸入日文，就能用查出來的英文與其他人溝通。韓國人也能用 Google translate 的功能，解說他們想表達的話。為的是可以融入彼此，可以表達自己。

現今確有很多工具可以幫助大家學習外語，輔助溝通。但可以預料這樣的溝通不會流暢，要達到跨國界的溝通，最理想還是能夠靈活地運用語言。

## 單一語言不夠用？

除了英語，隨着中國發展蓬勃，普通話也變得普及。活在這個多元及國際化的社會中，工作、學習甚至是日常生活，都有機會要用到兩文三語。在香港教育制度下培育的學生，大部分也能靈活地運用母語、英語和普通話。事實上在香港也有很多機會應用。

不過，當大家不用應付考試，就會丟棄外文學習，甚至有人認為，學好中文不就夠了嗎？足夠我在香港生活就可以嗎？現在有不少翻譯書及翻譯工具，不一定要能說及運用外語。透過翻譯的確有助我們了解外界，但翻譯總不能達到原汁原味，此外，一些日常用語、諺語、比喻等等，因為直接譯出來讀者很難明白，翻譯者便着意處理文化差異的問題，將自己理解的內容以「本土化」的技巧翻譯。結果，讀者就不能體會原著的文化色彩。所以，如果要原原本本細閱外文書籍，必定要認識那種語言，才能深入地理解別國文化。

當你能運用外語，得到的就是第一手的知識、第一身的感受，不再是轉達的資訊及感受。人與人的接觸，一定是愈直接愈好，面對面的溝通，加上表情、身體語言，傳遞中的誤差就會愈少，溝通就愈流暢。所以，即使翻譯能夠有一定的幫助，但總不及自己直接運用該種語言與人溝通，效果更完整、更全面、更直接。

事實上，懂得雙語甚至三語，亦可以加強你在職業上的優勢，愈來愈多工種要求員工能操至少兩種語言。要是你想在國際或歐盟的公司工作，可能需要懂得三種或以上的語言。在香港，大部分工作亦要求求職者具備雙語的能力，更有不少工作要求求職者能操兩文三語。可想而知，在這個大都會中，愈能夠操愈多的語言，你在職場上便愈有利。經濟與金融系教授 Louis Christofides 及 Robert Swidinsky 發現，在加拿大魁北克，能説英語和法文的人，月入比只能説法文的男性平均高出 7%，而女性平均高出 8%。

## 語言使人改變

捷克有一句諺語「每當你能說一種新的語言，你就能過一種新的生活。如果你只會一種語言，你就只活過一次」。（You live a new life for every new language you speak. If you only know one language, you live only once.）

世界上有一半人口都操雙語。有人可能擔心小朋友會因學習新的語言而對學習母語有負面影響。但有資料指出，對小孩來說，良好的雙語課程不但能使他們學習第二種語言更流暢，也能加強學習母語的能力。如小孩的母語是主流語言，周遭的人、社會及媒體都使用的話，並不會妨礙他學習第二語言。因為小孩的母語學習已融入生活，母語與第二外語，反而可以建設性地平行發展。因此說英語的小孩學習法語或西班牙文，既不會損害本身的英語水平，也能學懂第二語言。

根據心理學家 Paula Rubio-Fernández 及 Sam Glucksberg 的研究，有雙語能力的人有比較強的同理心，較能為他人設想及可從不同的角度理解事情。

具雙語能力，還可以提高你的認知能力，有助你同時間進行多項任務，亦能減低在切換任務時的混亂。

更有研究發現，能操多國語言的成人，似乎在抗腦退化症的效果遠高於單一語言的人。在一羣阿茲海默氏症的病人中，能説雙語的人比單一語言的人足足遲 4.3 年才診斷出患有腦退化症。換句話説，雙語似乎對認知衰退有抗衡作用。

透過閱讀外語文學的原文，觀賞不同語言的電影，從而獲得不同的啟發，及學會從不同的角度看事物。在規劃旅遊路線，外語能力使你更有信心到訪新僻的景點，旅行便可以有更多選擇。途中更可以看懂當地的指示、資料、説明等等，方便討價還價呢！

## 用外語增進親切感

有不少外國明星到訪香港的時候，大多會學幾句廣東話，可能只是簡單一句「香港粉絲你哋好，我愛你哋。」就可以令粉絲們神魂顛倒。原因就是當對方能運用你的語言，你倍感親切，用者本身的親和力因此就提升不少。

同樣的道理，如果你能運用對方的語言，親切感和親和力也能增加不少。在旅遊或往外地交流的時候，人們通常都會先學幾句簡單的用語，方便在外地跟當地人作簡單的溝通，基本如祝頌語、打招呼用語、生活用語等。雖然對方知道你不能純熟流暢地跟他們溝通，但他們會覺得你有誠意學習他們的語言，對你的好感驟增。

一旦你在異地跟當地人説他們的母語，他們感到舒服，更加暢所欲言。就好像人們跟你説廣東話一樣，你通常也會多説一點。説不定能交多一個異國朋友，認識更多不同文化背景的人，擴闊視野和見聞。

中國第五代領導人習近平，他的外語能力並不特別出色，不過每當外訪，他善於運用當地語言向民眾打招呼，這種形式既簡單又能拉近與聽眾的距離。於一場在韓國國立首爾大學的演講中，他先用韓語向師生問好，一句「啊甯哈塞伏」（你好）就引來一片歡呼聲，充分展現出他的親和力。當他到非洲演講時，一開場又連説兩個「哈巴裏」（你好），結束時又説「阿桑特尼薩那」（謝謝大家）向大家致謝。只簡單幾句，就能拉近與對方的距離，親和力也大大增加。

## 多一種語言，多一個世界

深受德國哲學家赫爾德（Johann Gottfried Herder）影響的威廉馮洪堡特（Wilhelm von Humboldt）也説：「每一種語言都包含着一種獨特的世界觀。」

每一種語言都有自己的視角，呈現某一套世界觀，這是語言的局限性。母語引領我們接觸一種文化，但它不能窮盡世界各種文化。我們或許可以説，學會一種外語就意味着你開拓了另一個生活世界。任何一種語言都代表了一種獨特的思維方式、生活經驗和意義，也是一種對生活的表達。正因為人類的文化都是通過語言得到繼承的，所以當你認識新的語言時，也會更了解背後反映該民族的文化、歷史、生活等等。

各種語言的用語不同，盛載不同的觀念。例如在中國人的親戚稱謂裏，我們把各種身分仔細劃分，父家和母家亦有不同。但在英語世界，他們都用統一的稱謂，不像我們分得那麼仔細。例如，堂兄弟和表兄弟，他們都稱為'Cousin'，婆婆和嫲嫲，他們也稱作'Grandmother'。我們可能會覺得他們的分類太過簡單，他們亦可能認為我們的稱謂過於瑣碎和繁複。

另外，因為文化背景不同，有時同一種事物，對於不同文化背景的人來説，亦有不同的象徵意義。舉例說，中國人認為龍象徵着吉祥、權威、高貴和繁榮。所以在漢語中有不少正面的成語都與「龍」有關，譬如：龍騰虎躍、龍飛鳳舞、龍鳳呈祥、生龍活虎等等，都展現了龍在漢文化中的內涵。

但在西方文化中，人們卻認為 Dragon 是邪惡的代表，是一種猙獰的怪獸，是惡魔的化身。他們還稱兇暴的女人為 Dragon，如 'She is a real dragon, you'd better keep away from her.'

在不同的文化中，同一種事物引發不同的聯想，還有很多其他類似的例子。所以，我們運用語言時亦要很小心，留意不同文化之間的差異，以免引起誤會。

## 培養語言力的不二法門

要學好一種語言，人人都知道就是多聽、多講、多練習。不錯，如果你只聽不説，很快便會忘記。

我也試過學習其他外語，如西班牙文和法文，但因為沒機會運用，學過後很快便忘記得一乾二淨。如果光靠課堂上聽老師講課，下課後不練習，又沒有機會運用的話，很難學好一種語言。

我認為觀看外國電影和劇集都對學習外語頗有幫助，觀看時要留意字幕，寓學習於娛樂。而且電影的對話都較生活化，可以從中學習別國的文化及表達方式，有助與外國人溝通時更地道。

韓劇及韓國的綜藝節目也很受歡迎，不少人每天亦會花時間追看，從中逐漸學會一些日常用語。身邊亦有不少朋友開始學韓語，對當地的文化產生興趣。透過多聽多看，他們的韓語愈來愈進步，現在已不需要中文字幕，都能看得明白。他們先是為了娛樂，但卻不知不覺間學了一點外語，培養對語言的興趣呢，實在是一舉兩得！

看書、看外語新聞報道等等，亦可以學習外語，可能比看電影和劇集沉悶，但當中的用語比較正式，對寫作較有幫助。

學習外語的最進階途徑還是融入那種語言當中。我有些朋友在學日文，學到某個程度，就把手機上的語言換成日文，於是，透過每天接觸，學習一下日文的字詞，亦很有效。

科技發達，Facebook、Twitter、Skype 等等媒介，讓我們認識來自不同種族及背景的人，作外語交流。人與人的溝通能讓學習語言變成樂事。在互動的形式下，你真的要運用讀、寫、聽、説的技能，這樣外語的水平必定能提升呢！

數到最有效的方法，一定是到訪當地。很多朋友到海外留學後，每天生活都要運用英語，日子有功，潛移默化，外語的能力得以大大提升。至少，他們為了生活，要硬着頭皮去試，經過多次嘗試，就會成為習慣，不會再對那種語言產生恐懼，自然就敢講敢用，慢慢就會愈來愈好。

要學好一種語言，也要了解當中的背景及文化。當你慢慢了解當地文化，就會產生一種文化涵化（acculturation）的作用，當地文化慢慢融入你的生活，也會與你本身的文化融合。這樣，你的文化內涵也得以深化。

## 擴闊你的圈子

不少青年人都愛旅遊，這正是一個提升語言力的好機會。在出發前，看看一些旅行小錦囊，或學習簡單外語的書，嘗試學一些常用語。或許，這樣可以引發你對該種語言的興趣，促使你想去多學，讓自己和當地人更有效溝通。就從打招呼、問路、議價等等開始吧，不單可以增加旅程的樂趣，還有實際用途呢。只要勇於去嘗試，相信你會獲益良多。

除了旅行，現今不少的青年人也會申請 Working Holiday，到外國體驗異地生活及文化。不過，很多人即使身在異鄉，圍繞身邊的朋友，都是同聲同氣的人，不是來自香港就是來自台灣或內地，只會說廣東話及普通話。其實到外地生活，是一個學外語的大好機會，若果只是工作上運用，機會未免太少了。

鼓勵大家藉這個機會擴闊自己的圈子，踏出自己的comfort zone，認識更多不同的人，讓自己生活在一個截然不同的環境下，完全浸淫在一個外語的氛圍裏，相信可以為這個工作假期添加更多意義。

無論到外地，抑或留在本地，你也可以在日常生活找到各式各樣方法學習外語，不要錯過任何一個大大小小的學習機會，與不同的人打交道，讓自己成為一個在人際關係複雜的世代中揮灑自如的人。

# 語言力
# Bilingual advantage

**困境** → **鍛煉語言力**

- 在外地雞同鴨講
- 溝而不通
- 無法與外語人士深入交流
- 求職時語言不靈光

- 雙語 / 三語……

**途徑** → **好處**

- 聽：劇集、新聞、電台
- 說：旅遊、打工、生活
- 寫：看書、上網聯繫

- 與外語人士溝通增加親和力
- 擴闊世界觀
- 交遊廣闊
- 增加職業及發展機會

## 鍛煉語言力

- 觀看外語電影、劇集
- 聽外語歌曲
- 讀外文書
- 看外文新聞報道
- 到外地遊學或生活一段時間
- 把電腦或手機轉用外語介面
- 在網絡結交外地網友練習

## 參考資料


F. Philip Rice著，謝佳容等譯（2007）:《嬰幼兒發展》。台北:五南圖書。

段煉（2009）:《詩學的蘊意結構：南宋語論的跨文化研究》。台北：秀威資訊科技股份有限公司。

謝鴻飛（2013）:〈薩維尼的歷史主義與反歷史主義〉，載於《清華法學》第三輯。北京：清華大學出版社。

張娜（2015）:〈中共五代頂尖領導人的外語軼事〉，載於《大事件》第42期。台北：大事件雜誌社。

Alston J., & Hawthorne, M.(2003). A Practical Guide to French Business. N. Y. : Writers Club Press.

Michelle.(2012 August 27) "The many benefits of bilingualism (and multilingualism)."Expat Life, Language. Retrieved from, http://borderlessadventures.com/article/the-many-benefits-of-bilingualism-and-multilingualism-260

Giles, Sarah, & Giles, Bill(2013).Buying Baguettes! A Bill and Sarah Giles Travel Guide to France. Gdansk, Poland: Yellow Dot Publishing.

Margherita Laera(Ed.) (2014). Theatre and Adaptation: Return, Rewrite, Repeat. London, UK: Bloomsbury Publishing.

Konnikova Maria(2015 January 22). Is bilingualism really an advantage? The New Yorker. Retrieved from, http://www.newyorker.com/science/maria-konnikova/bilingual-advantage-aging-brain

# 社交力 Movement：人際間知進退

## 關係不能靠技巧

或者你曾經在不同的羣體中，如大學時的學會、工作間，或朋友圈子，遇上一些令你厭惡的人。例如，有一些人經常説一些討好人、讚賞人的説話，聽多了令人感到渾身不自在，你甚至會質疑，究竟這些話是出於真誠的讚賞，抑或是假意奉承呢？又有一些人很容易對別人的評語過分敏感，覺得別人老是針對他，於是立即擺出一副戰鬥格，拚個你死我活，甚至咬着對方一兩句説話不放，令人以後都不敢惹他。另外一些人在羣體中經常抽離，不單是因為性格內向，你總覺得他不想與任何人接觸，給人一種高傲的感覺，你自然也不想跟他交朋友，怕被拒絕。除非因工作關係無法避免接觸，否則你必然想避之則吉。

有人認為建立良好人際關係要靠技巧。的確，情緒智商（EQ）、人際溝通等技巧，已經得到廣泛的重視，在中學的通識教育也設有人際關係的課程。不過人際間知進退，並不是光靠頭腦知識就能應用出來，還要了解自己成長的過程。只有我們對自己的性格和成長的困難有相當認識，才能有效判斷，自己在人際互動中的進退是好是壞、是健康是病態。一個有社交力的人，可以在人際不同階層的互動中，分別得到同事、上司、下屬的喜愛；他也能在工作間、朋友間人見人愛，建立健康的人際網絡。

## 三種人際流動

心理學家卡倫荷妮（Karen Horney）提出，人際間有三種流動，包括：走向（towards）、走離（away）以及對敵（against）。這是一個頗有見地的人際互動分析系統，我們明白箇中的原則和方向，便能夠更明白自己在人際間的需要和障礙、困難所在。可惜，她的理論沒有得到廣泛和合理的推廣，我就在此向讀者簡介這套理論的基本理念，以及如何應用到個人的成長和人際問題上。

## 卡倫荷妮

卡倫荷妮 1885 年生於德國漢堡，父親是一位船長，母親則出身上流階層。她有一位親生哥哥，哥哥得到父親寵愛，但卡倫荷妮自小就覺得缺乏父愛，只有母親把她當作小羊一般愛護。她心底總有一種不被需要、不被愛的強烈感受，而這也成為她發展這套成長理論的素材。大概在 12 歲的時候，她和關係不錯的哥哥決裂，被哥哥拒絕，令她幼少的生命初嚐情緒低落的滋味。

她父親是一位敬畏神的嚴謹基要派信徒，堅信女人比男人卑下，他盛怒的時候，會將《聖經》摘向太太，導致卡倫荷妮對宗教和權威人物抱懷疑和負面的態度。她經常感到遭受不公平對待，哥哥能享有的自由、權利和教育，她卻需要努力爭取才能得到。幸好，母親支持她接受教育，這成了她日後要成為女強人的誘因。她被父親拒絕，卻要跟哥哥競爭。她用個人的聰明和學業上的卓越，超越哥哥，但同時成為一個反叛的女孩。

她後來成功考入醫學院，並開展心理分析的事業。她是少數著名的女心理分析師，並有不少重要的著作。人際流動的理論，主要收錄在她的著作 *Neurosis and Human Growth*。

## 心理健康的人與神經過敏者的分別

卡倫荷妮認為，一個人若在童年得到父母的愛，親密需要得到滿足，就能夠健康快樂地成長；在得到接納和肯定之下，可以做一個真正的自己，日後就可以實現自我（self-realization）。反之，童年得不到父母的愛和接納，他會發展出一種對父母基本的敵意，這敵意也會轉化成對自我的不肯定和焦慮，也使一個人變得神經過敏。

人為了解決這基本的焦慮，會擺盪於一個鄙視的自我與理想自我之間。如下圖：

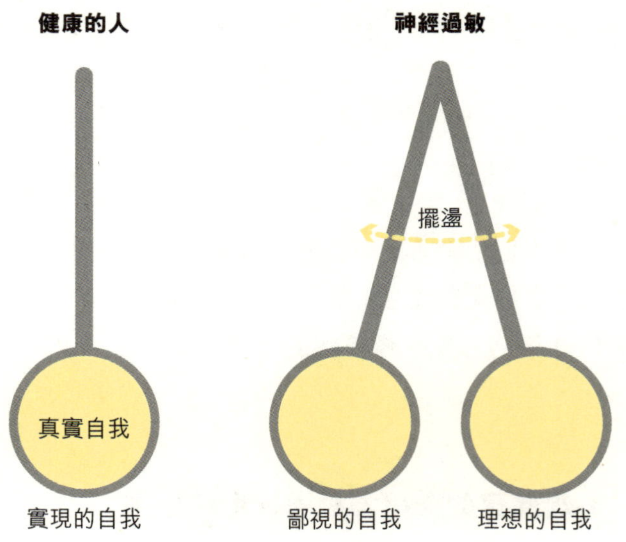

她有關理想自我（ideal self）的說法，與我們的一般理解不同。我們一般的理解是，理想自我是一個人對自我發展的一種期許，卡倫荷妮卻看這是解決基本焦慮的過敏反應，是一種自我防衛的機制。這也是她對三種人際流動的精彩分析所在。

為了解決基本的焦慮，她指出，人們會有三種不同的選擇——

- 走向他人（moving toward people）：背後的動機是「你若愛我，你就不會傷害我。」（If you love me, you won't hurt me.）

- 對敵示人（moving against people）：背後的動機是「若我有權力，無人能傷害到我。」（If I have power, no one can hurt me.）

- 走離他人（moving away from people）：背後的動機是「若果我退縮，就沒有什麼可以傷害我。」（If I withdraw, nothing can hurt me.）

我們可以比較健康與過敏的流動，從而看到背後的不同動機。前者是因應處境需要而作出調節，後者是強迫性及過敏性的，追求一種自以為理想的自我。

| | **正常的自我防衛**（**Normal Defenses**）<br>↓<br>**自然的流動**（**Spontaneous Movement**） | **過敏的自我防衛**（**Neurotic Defenses**）<br>↓<br>**強迫性的流動**（**Compulsive Movement**） |
|---|---|---|
| **走向人** | · 友善和可愛的性格 | · 遷就他人，貶抑自我；<br>· 理想自我的表達：順服成為良善、愛和神聖的追求 |
| **敵對示人** | · 認為這是在競爭性社會的生存之道 | · 攻擊型性格，自我膨脹；<br>· 理想自我的表達：把攻擊性看為力量、領導、英雄和無所不能的追求 |
| **走離人** | · 獨立自主，悠然自得的性格 | · 抽離型性格，退隱；<br>· 理想自我的表達：抽離轉化為智慧、自足和獨立的追求 |

這些理想自我的追求和表達，看似不會造成什麼問題；但要是當事人過敏地追求光榮，即不顧一切追求完美、無盡的野心、一定要將對手打敗，覺得擁有這種理想自我是理所當然的，也以此為個人的驕傲，這將成為問題。

與健康的人相比，過敏的人內裏好像住了一位「應該的暴君」（The tyranny of the Should），鞭策他一定要滿足自設的要求，內心的焦慮才得到舒緩。這種缺乏彈性和不理會處境的表現，令這些人落入一種痛苦而不自覺的狀態，與他交手的人也會感受到壓力。

卡倫荷妮對人觀察入微，她看到這三種基本流動方向下的一些行為表徵，並總結為流動的趨勢，共有十個之多，可以歸納於這三個基本流動之下。這些細微的描寫，或者能幫助你了解自己屬於哪種流向。

## 十種人際流動

### 走向人的神經質需要

#### 1. 感情及肯定

渴望被人喜歡，取悅別人，滿足別人的期望。有這類需要的人對於別人的拒絕、批評是非常敏感的，害怕別人的憤怒或敵意。

#### 2. 需要一個伴侶去接管一生

以伴侶為人生的中心。有這類需要的人極度恐懼被伴侶拋棄，將愛情的重要性放得極高，並認為其伴侶將解決生活中所有煩惱。

### 敵對示人的神經質需要

#### 3. 追求權力

這種需要的人追求權力。他們通常讚美別人的長處，鄙視弱點，以此利用或支配別人。這些人擔心個人的局限性，害怕遇上無助和無法控制的情況。

### 4. 利用別人

這些人會因應可從別人得到什麼好處來看待人。他們以利用其他人的能力而自傲，往往透過操控他人獲得預期目標，其中包括想法、權力、金錢，或性。

### 5. 追求聲望

需要獲得公眾認可和好評的聲望。他們對物質財富、個性特徵、專業成績和所愛的人的評估，都建基這些東西能否帶給他們聲望。這些人常常擔心在公眾面前表現尷尬，怕喪失社會地位。

### 6. 個人崇拜

需要個人崇拜的人是自戀的，亦有誇張的自我認知。他們希望想像中的自我獲人推崇，卻不正視現實的自己。

### 7. 個人成就

根據卡倫荷妮的說法，人們要追求更大更高的成就，是基於缺乏安全感。這些人害怕失敗，需要不斷地超越他人，甚至要達到最高的位置，而忘卻自己早已有的成就。

### 走離人的神經質需要

**8. 限制個人的生命於狹窄的框框內**

有這種需求的人寧願保持不顯眼和被忽視，他們的要求不高，需要的東西很少，避免對物質的渴求；往往把個人需求放在次要，低估自己的才華和能力。

**9. 自給自足和獨立**

這些人表現出不合羣的心態，與別人保持距離，避免受束縛，或依賴他人。

**10. 追求完美與無懈可擊**

這些人不斷追求「零」錯誤。他們的共通點就是尋找個人錯失，然後迅速改掉或掩蓋。

## 人際關係也可改寫

我們若留意到自己在任何一方面的流動趨勢，便要正視。為了要生存和自我保護，我們習慣用上這些方法來面對，而這可能部分源於我們成長所處的家庭環境。我們要確立自我價值和建立健康的自我形象，這樣，就不需要再憑藉這些傾向求存。當這些反應不期然出現，我們要提高意識，努力放下不健康的表達，例如你是極度渴望被人喜歡，取悅別人，滿足別人的期望，有時與人接觸，做了不少期待取悅別人的行為，事後你回想，做過了頭；當你意識了，也不喜歡自己這種的表現，以後便要着意提醒自己。再遇上類似情況，你要約束自己，可能是不要再說那些恭維人的說話等等。學習糾正，試用新的方法與別人相處。

我們要相信，過去並不一定決定將來，有了準確的自我認識之後，便可以建立健康的人際關係，過快樂的生活，重新選擇自己的未來。

# 社交力 Movement

困境

· 病態交往
· 過分敏感，損害人際關係
· 神經質，性情古怪

**鍛煉社交力** → **健康的人**

· 察覺個人流動方向
· 走向他人
· 對敵示人
· 走離他人

· 平衡的人際流動
· 成熟和正面的自我表達
· 美好的人際關係

## 鍛煉社交力

### 1. 自我評估練習

1. 我是一個親切的人。
2. 這是一個充滿敵意的世界。
3. 我喜歡獨處。
4. 當我在一段關係的時候，我感覺好多了。
5. 人生是一場鬥爭。
6. 人們說我沒有情緒。
7. 我想得到別人喜歡。
8. 我喜歡發命令。
9. 我自給自足。
10. 我喜歡幫助別人。
11. 只有最強的人能生存。
12. 我並不真正需要人也可以好好過活。
13. 我喜歡向別人施予同情。
14. 我喜歡有能力的感覺。
15. 我沒有任何人也可以生活得很好。
16. 我是不自私的。
17. 我喜歡智勝其他人。
18. 我寧願獨自上班、睡覺、吃飯。
19. 我是自我犧牲。

20. 其他人都太多愁善感。
21. 我避免派對和社交聚會。
22. 我是一個慷慨的人。
23. 人老是強人所難。
24. 我是一個需要私人空間的人。
25. 我寧願跟別人一起多於獨自一人。
26. 我會在害怕的情況下考驗自己，為了讓自己更強大。
27. 我避免別人問及我個人生活的問題。
28. 我很容易原諒，並忘記。
29. 我喜歡一個很好的論據。
30. 我喜歡獨立於他人而活。
31. 我在乎別人對我的看法。
32. 我是不畏縮和勇敢。
33. 我避免長期承擔義務。
34. 如果我被拒絕了，會感到受傷。
35. 乞丐讓我生氣。
36. 我感到孤獨。
37. 大多數人比我更有吸引力。
38. 為了在這個世界生存下去，你必須先以自己為首先的。
39. 我討厭別人試圖影響我。
40. 獨自一人的時候，我會感到虛弱和無助。

41. 人們往往是靠不住的。
42. 我會儘量避免接受別人的意見。
43. 我會儘量避免爭論。
44. 人們往往是喜歡操控。
45. 沒有朋友或家人，我也能生活得很好。
46. 如果出現錯誤，我傾向認為這是我的錯。
47. 應該教孩子要堅韌。
48. 當人們不跟我分享他們的想法或感受，我會更喜歡。
49. 我傾向成為首先道歉的人。
50. 最成功的人都是踩住別人而獲得成功，這是人生的寫照。
51. 沒有陪伴比有人一起，我覺得我會更好。
52. 我需要別人的陪伴。
53. 人們的基本性質是侵略性的。
54. 我會儘量避免衝突。
55. 應該教育孩子們要善良和愛心。
56. 我生活中已經遇到了很多白癡。
57. 應該教孩子自給自足。

答題

很少 1　　有時 2　　很多時 3　　經常 4

| **遷就型** | **攻擊型** | **抽離型** |
|---|---|---|
| 1 | 2 | 3 |
| 4 | 5 | 6 |
| 7 | 8 | 9 |
| 10 | 11 | 12 |
| 13 | 14 | 15 |
| 16 | 17 | 18 |
| 19 | 20 | 21 |
| 22 | 23 | 24 |
| 25 | 26 | 27 |
| 28 | 29 | 30 |
| 31 | 32 | 33 |
| 34 | 35 | 36 * |
| 37 | 38 | 39 |
| 40 | 41 | 42 |
| 43 | 44 | 45 |
| 46 | 47 | 48 |
| 49 | 50 | 51 |
| 52 | 53 | 54 |
| 55 | 56 | 57 |
| 小計： | 小計： | 小計： |

* 反向計分

得分平均值

| | 一般 | 男性 | 女性 |
|---|---|---|---|
| **遷就型（Compliant）** | 51.5 | 50.2 | 51.7 |
| **攻擊型（Aggressive）** | 44.5 | 46.9 | 43.2 |
| **抽離型（Detached）** | 37.5 | 38.3 | 37.0 |

## 2. 檢查

- 你有平衡地、按情境運用這三種流動嗎？
- 哪一個是你主要的流動方向？與你成長的經驗有什麼關連？
- 你喜歡這種取向嗎？
- 哪方面的流動你需要增強使用呢？

平衡、按情境使用，就是在平常的日子對人友善；在正常的競爭的環境中，曉得自我保護；亦以合法和公平的原則跟別人良性競爭；在朋輩壓力中仍能保持自我，悠然自得。

在你與某一個人的流動中，請你判斷那是健康或是不健康的狀況。若是不健康的話，請你分辨是卡倫荷妮十種流動的趨勢中的哪一種。

花點時間想想，那種趨勢背後是你怎樣的成長故事？追尋那不健康流動的根源，藉着這個發現，你減少這些不健康的流動，有意識地採取你認為較成熟和正面的表達。

讀者若要在個人成長中有更多反思，可以參考我另一本關於成長的著作《生命軌迹》。

## 參考資料

*Horney, Karen (1950). Neurosis and Human Growth: The Struggle Toward Self-realization. New York, USA: Norton.（卡倫荷妮著，李明濱譯（1976）。《自我的掙扎》。台北：志文出版社。）*

# 利他力

# Give and take：

# 施比受更為有福

周偉豪

## 耗盡的施予者

我於 2010 年 5 月應大學師兄的邀請，加入他新開設的建築事務所工作。性情偏向為施予者的我，不想跟相識多年的師兄計較，便以低於市價的薪金受聘，負責酒店設計的項目。上班個多月，發現工程無論在設計、合約條款等，都屬「爛尾」類型;加上工程已如火如荼，在欠缺人手的情況下，唯有加班工作，包括週六週日回公司，甚至曾經有一個月二十多天趕工至凌晨才回家。有同事上班三天就辭職了，但當時我天真地一心想幫助公司收拾這爛攤子。雖然公司對我多次表達的困境都顯得「有心無力」，但我仍勉力堅持下去。

工作了差不多一年，身邊不少同事都相繼離開，我的身心都出現問題（失眠、心悸、絕望感、情緒低落、皮膚敏感等），感到不能再捱下去了，終於向師兄請辭。我打算在兩個月的通知期扣減有薪假後提早離職。但當我收到人事部薪金結算的時候，感到萬分意外，公司竟以扣減薪金的嚴苛方式計算。在勞工法例下雖然是合法，但這也表示公司已準備跟這離職員工一刀兩斷了。那一刻感到極之失望，原來我的施予取向一直都被人利用了。這記「當頭棒喝」，令我有好一段時間對人失去信心，處處提防別人，像驚弓之鳥。

大家可有類似的不愉快經驗呢？讀到這裏的你或許都想成為助人者，但被利用以致耗盡的結果真的令人卻步。難道真是「好人難做」嗎？

## 人人都是施予者

中國古語有云：「人不為己，天誅地滅」。在現今高舉自我的社會，這句話可說仍是很多人行事為人的原則。另一方面，大家可能也聽過一句《聖經》經文「施比受更為有福」(〈使徒行傳〉二十 35)，雖說有餘力或時間去幫助人，確是令施予者得到很大的滿足感，但我們卻難以見到施予者有任何具體實質的回報。那麼，白白付出哪會有福氣呢？

原來心理學家過往做了不少人際間施與受互動的研究，其中以阿當格蘭（Adam Grant）的研究成果令人耳目一新。

首先，格蘭將人際互動的角色分為三類：索取者(taker)、配合者（matcher）和施予者（giver）。

### 1. 索取者：「除了自己，沒有人會照顧我。」

特點

- 將個人利益置於別人之上；
- 當事情結果對他有利，會策略性地提出協助；
- 相信世界是你爭我奪的地方。

### 2. 配合者：「有回報我才會做。」

特點

- 盡力保持雙方的付出和接受是均等的；
- 強調公平；
- 容許以利益為交易。

### 3. 施予者：「我樂於付出時間和精力，令別人得益。」

特點

- 願意付出比收穫多；

- 專注於別人的福祉而有所行動；
- 幫助別人不望回報。

每個人在不同的場景都會有不同的取態，因此我們都擁有上述三者的特點，只是比重不同罷了。格蘭稱之為施予商數（giver quotient）。以下是我的施予商數結果：

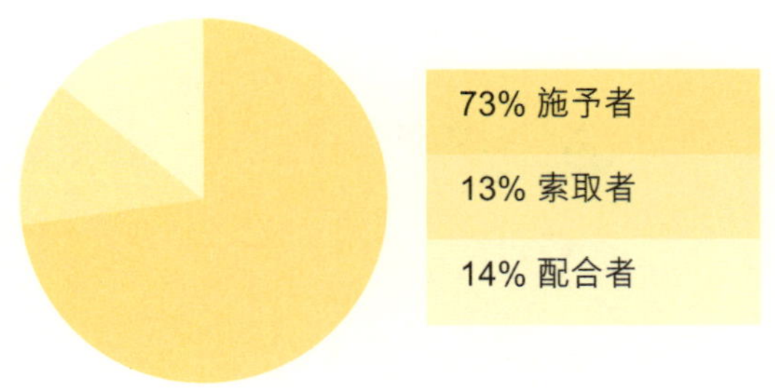


在人際互動的模式之中，我的主要取態（primary style）屬於施予者，大概佔整體的四分之三，意思是我在大部分人際關係之中都以貢獻自己幫助別人為主要動機。在羣體當中我傾向把整體利益放在個人利益之上；我較易看到別人的潛能並嘗試幫助他們成功；在談判桌上，我會處處為對方的利益着想，甚至因此而令自己吃虧。

## 誰可以登上成功階梯

了解三者的特性後，你可以猜猜，哪種人在事業上最有機會爬上成功階梯呢？格蘭在工程、醫療和零售界作了仔細研究。結果顯示施予者佔了階梯的最低層。這個現象很容易理解，付出比收取多，自然較易吃虧。但最優秀和成功的工程師、醫生和銷售員原來都是施予者，究竟原因何在呢？

潛在聯繫（dormant tie）指一些之前曾合作過，但已斷交多年的人際網絡，它與很多年沒有聯絡的泛泛之交（weak tie）有別。前者由於曾合作，再見面時已有一份信任和熟悉感；相對於平日經常合作的關係（稱為「強連繫」，strong tie），更能提供新的想法和意見。加上過去曾受恩惠的一方會有一種報恩的傾向，施予者便可藉此重啟這潛在聯繫的優勢。由於施予者的慷慨令人留下好印象，只要施予者能克服羞於求助的障礙，這些重新接上的聯繫往往能帶給他們很多幫助，在成功的階梯節節上升。

## 施比受更為有福的證據

除了在工作上取得成功之外，施予者在生理、心理和人際關係各方面還享有很多益處。看看以下研究結果——

## 1. 施予令我們更快樂

2008 年哈佛大學商學院的研究顯示，將金錢施予別人比花在自己身上更快樂（雖然測試前他們都覺得花在自己身上應該會更開心）。加州大學相類似的研究，測試者連續 30 天每天做一件服務別人的事，整體快樂指數都有所提升。

原來施予會產生生理上的快樂反應。2006 年 Jorge Moll 教授的團隊發現，捐助慈善團體會激發大腦有關舒暢、親密感和信任感的部分，令人產生一種溫暖光明的感覺（Warm glow effect）；除此之外，助人也會刺激大腦釋放安多芬（Endorphins），令人感到快樂，情況跟做運動之後的開朗感相似。

## 2. 施予令我們更健康

施予除了令人更快樂，也會令人更健康。密歇根大學蘇珊布朗（Susan Brown）教授在 2003 年的研究顯示，向身邊親友及陌生人提供幫助（包括實質的或情緒上的支持）的施予者，死亡率較其他人（包括接受幫助的人士）都低。原來壓力能透過幫助人而舒緩，血壓也降低，這解釋了為何施予者比其他人健康和長壽。

### 3. 施予令人更親近

正如上文提及，潛在聯繫的原理令施予者給人一種慷慨的形象，從而獲得更多合作機會。除了增加受助者對對方的好感，提供幫助的施予者也會獲得受助者更正面的評價。這種奇妙的互動促進了彼此的互助、互信和親密感。

### 4. 施與受也會令人心懷感恩

在施與受的互動中，雙方都會心懷感恩。如我們藉言語或行動，向身邊的親友數算恩典，我們對自己、對他人、對世界會有更正面的觀感；而聆聽的一方也會被當中的正能量所感染，感到「活着真好」！這確是現今負能量急升的社會所迫切需要的。

### 5. 施予的「傳染力」

科學家發現，施予會令身體產生一種催產素（Oxytocin）（這情況也發生在餵哺母乳的母親身上），令人感到溫暖、幸福和親密，想付出更多和更具同理心。與此同時，接受施予的人，體內的催產素也會上升。施予的人就像把石塊扔進池中，產生了深遠的漣漪效應。這個德性循環（virtuous cycle）延展助人的氣氛，將它愈傳愈遠。研究顯示，若干劑量的催產素能令這「病徵」維持兩小時，因此鼓勵大家助人也不要遲延啊！

## 救人前請穿救生衣

了解到施予對施與受雙方都有好處之後，相信讀者都樂於成為施予者。不過，我還要提醒大家，要當個成功的施予者。因為付出的確要冒險和付代價，我曾目睹很多充滿愛心的施予者，在現實社會裏不斷被利用以致耗盡，這些個案確實令人心酸。究竟成功的施予者有什麼特別之處呢？助人者怎樣才能成功而不是徒勞無功呢？

要清楚了解施予者跟其他類型的微妙分別，可先從以他人優先和以自己為先這兩個向度來分類：

| | | 他人優先程度 | |
|---|---|---|---|
| | | 低 | 高 |
| 自己優先程度 | 低 | 無動於衷型<br>(Apathetic) | 捨己施予型<br>(Selfless giver) |
| | 高 | 自私索取型<br>(Selfish Takers) | 愛人如己型<br>(Otherish giver) |

以上格蘭的分類方法，正好打破過往在人際互動中的二元思維。原來人不只分為自私和無私兩類，兩者還可以並行不悖。「愛人如己型」和「捨己施予型」都屬於施予者（以他人優先），分別在於施予時有否兼顧個人需要，即對自己的照顧。

《聖經》中的愛人如己教訓，正好闡釋了這套思維：懂得愛自己，才懂得愛別人。試舉一個比喻，當船難發生，尚未穿上救生衣就不顧一切去救人的，屬於捨己型，這種施予者往往為了幫人而身陷險境；愛人如己型的人，會先穿上救生衣然後才去救人，這種施予者不但能在困境中全身而退，也會救到更多人。

總的來説，愛人如己型是成功的施予者，跟索取者和配合者一樣，都是為着自己的利益朝目標努力進取（ambitious goal）。分別在於前者在追隨目標的過程中，以造福他人為專注點。

格蘭其中一個研究與藥物推銷員有關，原來表現最佳的推銷員，都屬於愛人如己型的施予者。當他們的目標（達到最理想的營業額），與他們的關注點（為顧客找到最合適的藥物）接軌時，雙方都得到最理想的收穫。這種雙贏的局面可以用一句簡單的英語概括：'They do well by doing good！' 除此之外，愛人如己型的施予者往往較有效地保護自己，減少耗盡的情況，自然可以「長幫長有」。

## 不再受傷的施予者

施予者如何保護自己，不被傷害，甚至因施予得到成功？格蘭提出以下建議，讓大家參考：

### 1. 誠懇過濾網（sincerity screening）

由於施予者喜歡付出，這種特質容易被人利用。因此施予者與人交往時，初期就必須辨別出對方是什麼類型，以免受到傷害，特別是一些表面看來有禮貌又願意合作的人士。過去 50 年的研究發現，「好相與」的人士（agreeable people）跟他們的內心：動機和價值觀（即是否索取者或配合者），並無絕對關連。施予者往往以為「好相與」的人士即是施予者，但這想法容易使自己墮入陷阱。以下是格蘭提出的誠懇過濾網，幫助我們分辨施予者是真心抑或假意：

真誠的施予者有以下特點：

- 當提及成功的經驗時，施予者會用「我們」，多於用「我」的主語表達；

- 在合作過程中，施予者傾向首先主動幫助；
- 在傾談過程中，索取者會花大部分時間表達自己的想法，以取得他人的注意和認同，所問的問題大多從自己的利益出發，因此較表面。相反，施予者會花較多時間聆聽，所問的問題會較有啟發性，旨在激發大家討論。

## 2. 換個角度（shifting perspective）

施予者其中一個特質是富同理心。他們傾向從別人的角度思考，較能感同身受，主動提出協助。但他們的同理心往往也弄得自己遍體鱗傷，因為施予者大多從索取者的感受出發，往往在打算保護自己的時候，怕對方會因此難過或令關係變得尷尬，在「唔好意思」的情況下，最終選擇忍讓，令自己蒙受損失。其實除了以上的角度，施予者曾否從以下角度思考呢？

- 面對索取者的索求，施予者可暫時轉變成配合者，在較公平的前提之下，從索取者的實際動機和需要出發，讓他們得到滿足後「自然離開」；施予者要試試這轉念的句子：「不要感情用事！從他（索取者）的實質需要出發才能真正幫到他（索取者）！」

- 若施予者不好意思爭取自己應得的權益時，可以想想你身邊的人會因此受到什麼傷害？作為他們的代表，你會站出來為他們爭取利益嗎？以我的經歷為例，接受一份低於市價的薪金並持續加班工作，除了令家庭經濟變得緊絀之外，也大大減少了天倫之樂的時間，影響到與家人的關係。施予者要試試這轉念的句子：「（被索取者佔便宜時）……那麼，我最親愛的人會因此受損嗎？」

### 3. 細水長流式的施予：5 分鐘善事

除了小心應對索取者的利用之外，施予者也可以學習更有效率地幫人。格蘭提出 5 分鐘善事，就是利用小量的個人成本（low personal cost），讓對方得到高效的益處（high benefit）。

## 一次學習攝影的經歷

最近我對街頭攝影產生了濃厚興趣，開始在網上尋找相關資源。意外地找到一個由美籍韓裔年輕人開設的街頭攝影網站，當中資料非常豐富，網上的課程包括筆記、照片、影片，還開設了學員互動交流的 Facebook 羣組。除此之外，網主還提供大量作品及私人照片後製設定（presets）。

最令我驚訝的，以上所有資料都是免費下載的！

網主 Eric Kim 的舉動給我很深的印象。在瀏覽其網站的時候，無意間發現他在開設網站初期所寫〈我看開放源頭的攝影（教育）〉（My vision of open source* photography）的文章，當中表達了他無私分享的緣起。

原來 Eric 出身基層，媽媽打三份工才能供養他和妹妹上大學。幸好美國的福利制度十分完善，政府提供的資助、學校的獎學金、公共圖書館、童軍和社區中心的培訓活動，給他足夠的養分成為新一代的有為青年。

為了答謝別人的幫助，他決定把推廣街頭攝影的目標，透過免費的網上課程向大眾分享。為了謀生，他開設小組或一對一的收費課程，但網頁上的免費資訊仍不斷更新，最近他更到了東南亞國家義務教授攝影。

有人可能覺得他此舉是長遠投資的策略，但無論如何，他確實幫助了很多想學攝影但資源缺乏的人。除了提升知名度，我看到這位快樂的施予者成功之處，在於他努力幫助別人成功。

*open source：開放源頭的概念源於上世紀 80 年代某些電腦程式員的新取向，他們把程式語言開放給公眾使用，所有人也可以在其基礎上作修改，讓程式自由演化和改良。改善程式者除了自己得益，也為程式的發展出了一分力。

## 人際・舞步

「資訊科技的發達拉近了人與人之間的距離。」相信大家都聽過這句手提電話的宣傳口號，不過，單單躲在電子通訊裝置背後去建立人際關係，是無法滿足人類對歸屬感的根本渴求。

剛看過文溫德斯（Wim Wenders）2012 年拍攝，有關當代德國國寶級舞者及編舞家翩娜包殊（Pina Bausch）的電影。舞團上下以他們最擅長的舞蹈語言，向這位在拍攝過程中逝世的靈魂人物表達崇高的致敬。我是舞蹈的門外漢，但片中的舞者卻深深感動了我。看着看着，當中舞者們美妙的舞姿配合，不就是人際間的微妙互動嗎？

在舞台上他們的跳動，驟眼看似是率性的現代舞，但腳尖的靈巧跳躍，滲透着深厚的傳統古典芭蕾舞底子。同樣道理，雙語以至多語的裝備，讓我們從多角度認識人類的文化和思考模式，擴闊在人際關係的眼界；女舞者放心投進對方的臂彎（moving toward），兩人拉扯的角力（moving against），一追一走（moving away）的情景……既是舞姿完美的配搭，也是人際互動的藝術。最令我深刻的，是片中沒有顯示任何一位出場舞者的名字，只有舞團的名字。各人就是努力地以肢體語言互相配合，為了令彼此的演出成功。

這種強大的利他力，不僅令別人成功，也令自己成功，更令整個羣體成功。

深願在這複雜的人際舞步當中，你也能成為一位出色的舞者。在此跟大家分享一位基督徒作家布赫納（Frederick Buechner）的說話，但願這利他的心志，也成為你人生中最大的喜樂泉源：

「上帝呼召你去的地方，正是叫你深處的喜樂與世界深處的飢渴相遇之處。」

# 利他力
# Give and take

**鍛煉利他力**

- 願意付出
- 尋求他人福祉
- 施恩莫望報

**好處**

- 快樂
- 健康
- 親近
- 感恩
- 感染力

**做個聰明的施予者**

- 分辨對方特性
- 重視公平原則
- 以最小成本達到最大效益

## 鍛煉利他力

### 1. 認識你的施予商數，請到以下網站作簡單測試

http://www.giveandtake.com/#!evaluateyourself/c10x3

### 2. 分辨誰是施予者

- 他說話時多用主語是什麼？是我抑或我們？
- 他是主動提出協助嗎？
- 他老是在表達個人想法，抑或喜歡聆聽？

### 3. 5 分鐘善事，大家可以從今天起嘗試以下建議

- 打一通電話，撮合兩位有機會合作而得益的朋友；
- 準備考試前，跟一同赴考的同學分享有用的參考資料或自己做的筆記，或給對方一些學習心得和建設性的回饋；

- 建立一個 6-8 人的小組，每星期見面 20 分鐘，每次輪流由一名組員提出要求，其他組員以自己的才能和人際網絡互相配搭，提供協助（這種互助小組的概念 reciprocity ring 在歐美很流行，詳情可參考 HUMAX 的網頁：http://www.humaxnetworks.com/default.asp）

## 網上參考資料

*Grant, Adam.（2013 May 22）. 10 ways to get ahead through giving. Greater Food. Retrieved from, http://greatergood.berkeley.edu/article/item/10_ways_to_get_ahead_through_giving*

*Grant, Adam.（2013 May 22）. Givers and takers-who are the best performers in the workplace. The Independent. Retrieved from, http://www.independent.co.uk/news/business/comment/adam-grant-givers-and-takers--who-are-the-best-performers-in-the-workplace-8626318.html*

*Suttle, Jill, & Marsh, Jason.（2010 December 13）. 5 Ways Giving is Good for You. Greater Food. Retrieved from, http://greatergood.berkeley.edu/article/item/5_ways_giving_is_good_for_you*

# 總結：繼續追尋

## 改寫未來的一代？

2013 年《時代雜誌》(*Time*) 稱這世代的青年人將成為最具影響力的一代，他們正重新定義世界。青年人只要好好裝備自己，定能在這新時代，對世界帶來貢獻，也給地球村上的人一些影響，有力改寫自己和世界的未來。 不過，或許你也在疑惑，我們不過是平凡人，真的可以嗎？

## 繼續追尋

偶然間，聽到收音機播放一首舊歌：《繼續追尋》，歌曲由達明一派主唱，潘源良作詞。細細品味這首歌詞，可以作為本書一個很好的總結。

*從來未説過　我理想有幾高*
*唯求誠實去看　明白就去做*
*曾經得關心　抹走怨恨*
*從此肯關心　哪管遠近　但求盡心*

*從來未聽說　世間一切美好*
*然而人在世界　誰能沒去路*
*嘗孤單一身　去闖去問*
*而心中聲音　也許太笨　但能傳真*

*回望去　無後悔　奮鬥已學會*
*前望去　默然面對　再去追尋　哪怕累*

歌詞挑起我不少共鳴。人生是一個不斷的追尋的過程。歌詞提示我們要追尋理想、要誠實去看、找到心中聲音之後，就要奮鬥、去做、不怕累地堅持達成自己的夢想。

本書的三位作者正處於人生不同階段。周偉豪剛從建築師成功轉行為心理輔導員，初為人父；我的女兒區穎珩初出茅廬，也正尋索自己的未來；她正考慮投身教育工作呢！是的，我們也正在不同的軌道上追尋。

追尋過，努力過，奮鬥過，一天回望，我們可以說一聲，一生無悔。

五十多歲的我，現在追尋的，是如何有效運用自己有限的工作生涯，做一些不枉此生的事；如今努力栽培一些學習輔導和有興趣寫作的年輕人，將自己累積了的學識和智慧，深入淺出地跟別人分享。我仍然很勤力地筆耕、設計創意的課堂教案、用心在輔導室與人同行。我繼續追尋，也有一些成果，你呢？此時此處就是你的起跑點，忘記過去，努力面前吧！為自己的夢想奮鬥，給這個地球村，留下你的「微塵」和足印。

# 後記

這本書構思了好一段時間，卻於短時間內完成。

原因有兩個：第一，書中有不少意念，是我過去幾年不斷探索和筆耕過的題目，現在將它放進一個有意義的框架，鎖定讀者對象，選取特定的時代和處境，重新組合完成。第二個原因是我找來兩位青年人當好幫手。九個課題中有四個是他們寫的。

周偉豪是我在學院輔導科的高材生，他對文字很感興趣，跟我一些志趣也相投，便邀請他參與這寫作計劃。他本來是一位建築師，在這個典型多變的世代轉行，找到自己新理想和方向的例子，現職教會的輔導員。他負責了其中三篇。

有一篇由我女兒區穎珩參與撰寫。她一直以來對語言也感興趣，大學時修電腦科技和互聯網多媒體，碩士是修翻譯學。在學期間有一年在北歐交流，對旅遊和不同文化甚感興趣。她寫的文章也是個人親身經歷。

寫作時，我先將自己在一個課題的想法及想表達的意念，向他們分享。當然，我搜集過的材料也全交給他們消化和整理，如今，得到他們的參與，本書得以完成了。相信他們所分享的，一定不負讀者所望。

能與年輕人合作是一件令人可喜和暢快的事。我希望透過這嘗試，燃點他們寫作的熱情，將我們人生寶貴的體驗和學習，透過文字與人分享。

區祥江

香港 26/4/2015